KURZE

Erste Anthologie des Literarischen Schreibens
der Kunsthochschule für Medien Köln

D1730576

KURZE ERSTE

Ich gehe durch eine Fußgängerzone und auf einmal reißt mich ein Leopard oder ein Panther von der Seite aus kommend.

> Doch, natürlich war da eine Stimme, die ihm sagte,
> wie man in solch einer Situation zu reagieren hatte,
> aber er wusste sich nicht zu helfen.

Es hat auch eine Sternenexplosion gegeben wegen mir.

> Was für eine Überforderung, so einen Ausschnitt vollständig
> zu erfassen, ihn festzuhalten und irgendwann wieder
> auszuspucken.

> Früher hatte er auf Safari gehen wollen.
> Wilde Tiere in ihrem natürlichen Umfeld fotografieren.

Ich folge weiterhin dem alten Schmugglerpfad …

> – Pandabären!
> – Pandabären?

Seitdem ich hier bin, beobachte ich dich.

> Immer wieder beginnt er von neuem,
> weil sie sich seiner Ordnung entzieht.

SCHRITTE

Auch sie war eine andere hier, eine der anderen, hatte ihr altes Ich, wie die Heuschrecke ihre Haut, abgestreift und mit etwas Wein hinuntergespült.

(We sat in panties, alone, smoking.)

Herr M. hat einen Tunnel gelegt und kriecht hinein. Stößt sich den Kopf an ihren Wänden. Aber das merkt sie sicher nicht, aufbäumen, muss nur aufräumen.

Kratze die Fetzen zusammen. Bilde daraus Puzzle, die mal Tapeten waren. Drehe, verdrehe, schiebe, verschiebe, setze, versetze – Form ergibt es nie.

Ich zeig es euch allen! I branch it you all! Ich bin das dicke Kind, das mit der Axt gegen die Gräten haut!

Schreibe einfach. Denke gar nicht darüber nach. Schicke es ab. Konsequenzen? Zukunft? Was? Wäre? Wenn? Einfach nein. Ein Jetzt. Ein Moment. Eine Tat.

Wenn es Lava regnet, soll das einfach so sein.

INHALT

ISITY
Jonathan Lahr

Eine Hand greift zwischen die aufeinander zustoßenden Türflügel der S-Bahn. Im selben Moment, in dem die Dichtungsprofile aufeinander gepresst werden, ertönt ein Warnsignal. Die Moosgummilippen umschließen das Handgelenk zwei Fingerbreit hinter dem Gelenkknochen. Die Hand ist fixiert, zum Unglück der Person, die an ihr hängt und einen Schrei ausstößt. Niemand betätigt die Notbremse. Auch ich kann nicht eingreifen, da auch ich fixiert bin, eingekeilt zwischen den Haltestangen und einem Einkaufswagen, mit dem ich ein in Ansätzen zerlegtes Regal transportiere. Zwei L-Stücke haben sich so ineinander verkantet, dass sie den dazwischen lose aufgefächerten Regalbrettern eine gewisse Stabilität verleihen. Im Getränkegitter liegen die Regalrückwände, dummerweise mit den glatten Seiten aufeinander, was zur Folge hat, dass sie aus ihrem ursprünglichen Kongruenzverhältnis herausgerutscht

sind und die Ecke der oberen Regalrückwand sich nun in mein Schienbein bohrt. Hätte ich voraussehen können, dass aufeinandergestapelte Gegenstände mit glatter Oberfläche in vertikaler Richtung nur schwer voneinander zu trennen sind, sich in horizontaler Richtung aber leicht verschieben lassen? Der Schmerz an meinem Schienbein lässt mich den Druck auf meinem linken Fuß vergessen, der als Keil unter der beweglichen Rolle des Einkaufwagens dient. Die zweite Rolle ist glücklicherweise durch die Metallklammer des Sicherheitsmechanismus blockiert. Der Mechanismus greift, sobald der Wagen über eine gewisse Distanz von seinem Ursprungsort entfernt wird. So verbarrikadiert stehe ich in meiner Regalburg, als der Schrei mich auf das Geschehen gegenüber aufmerksam macht. Ich schaue zur Tür und sehe die Hand; wie ein Hühnerknochen ragt sie zwischen den schwarzen Moosgummilippen hervor. Im Schreck macht sich ein kleiner Stillstand breit. Erstaunlich, was in einem Moment alles passiert, denke ich; und was für eine Überforderung, so einen Ausschnitt vollständig zu erfassen, ihn festzuhalten und irgendwann wieder auszuspucken. Dabei ist es doch nur ein winziger Splitter, den es zu packen und aus der Wucherung des Eindrucks zu entfernen gilt. Und wenn es gelänge, so einen Splitter gegen das andauernde Ausufern, das ständige Niederprasseln der Ereignisse zu verteidigen – was wäre dadurch gewonnen? Ein kurzes Spreizen der Finger, dann wird die Hand zur Faust geballt. Ein archaischer Reflex, denke ich, wie bei einem Affen, der nach ein paar Reiskörnern in einem Loch greift; er hängt in der Falle, weil er nicht loslassen kann. Dann lösen sich die Bremsen.

ZWEIVIERDREI
Henrik Hillenbrand

Am Abend des fünften Wochentages haben die meisten das Institut verlassen. Die Angestellten und Mitarbeiter des Gebiets werden von einer Haltestelle angezogen, an der seit sechs Minuten ein Bus mit laufendem Motor wartet. Von einem der hinteren Plätze beobachtet Alpha, wie er sich nach und nach füllt. Die Passagiere einunddreißig und zweiunddreißig erscheinen schwer atmend in der geöffneten Tür. Es ist siebzehn Uhr zwölf. In sechzig Sekunden fährt der Bus ab. Links und rechts des Fahrzeugs gleiten Niederlassungen und Firmenzentralen vorbei. Weite Abstände liegen zwischen den massigen Gebäudeblöcken, in deren Fenstern vereinzelt Lichter brennen. Hier: Neuntes von oben, drittes von links. Dort: Zwölftes von unten, sechstes von rechts. Die Zeit am Institut vergeht schnell, denkt Alpha erschöpft. Am Ende einer Woche kann er sich kaum an den Anfang erinnern. Die Dichte an Information ermüdet ihn. Auch außerhalb des Instituts kommt er nicht zur Ruhe, selbst in seinen Träumen nicht. Sein Aufgabenbereich verlangt nach Kontrolle, Suggestion und hoher Konzentration. Nach drei Stationen überquert der Bus einen breiten, schwarzen Strom. Der Asphalt der Brücke dämpft die Geräusche. Während der dreißigsekündigen Überfahrt scheint es, als seien die Passagiere in einen tiefen Schlaf gefallen. Mit der Stille löst sich Alpha aus seinen Gedanken und sieht sich um. Der Hals eines Mannes gegenüber ist zwölf Zentimeter lang, vom Mittelpunkt seines Kragens bis zum oberen Ende des Kehlkopfs gemessen. Kopf- und Halshöhe befinden sich im Verhältnis drei zu zwei. Er trägt einen Hut, der exakt dieselbe Höhe besitzt wie der Hals. Immer wieder schließen sich seine Augen, die tief in den Schädel versenkt und dunkel umrandet sind. Sein fahles Gesicht wird von einem Gerät in seiner Hand beleuchtet. Am anderen Ufer stehen die Häuser enger beisammen und ragen hoch in den Abendhimmel. Der Verkehr verdichtet sich und die Gehsteige füllen sich mit Passanten. Oberhalb der Fahrerkabine wird der Abstand zur kommenden Station angezeigt. Fünfzig Meter, fünfundzwanzig Meter, fünf Meter, Stopp. Die Türen gleiten auseinander und kalte Luft weht Alpha entgegen, als er das Fahrzeug verlässt. Der Gehsteig ist achteinhalb Platten à dreißig mal dreißig Zentimeter breit. Die halbe Platte liegt abwechselnd am linken und am rechten Rand einer Reihe. Alle zwanzig Meter ragt ein rundes Beet mit einem Baum einen Meter in den Gehsteig. Die Wurzeln heben die Steine von unten an. Die Temperatur beträgt minus drei Grad. Er hört Gelächter. Bezieht es sich auf ihn? Gruppen von jungen Leuten ziehen an ihm vorbei. Er schaut zum Mond. Er zieht unsichtbare Linien zwischen seinem Ziel, dem Himmelskörper und sich. In einem Dreieck bleibt die Summe der Winkel immer gleich. Ein beruhigender Gedanke, findet er. Alpha biegt um eine Ecke und steigt sieben Treppenstufen zu einem großen Platz herab. Der Boden ist mit wabenförmigen, rötlichen Steinen gepflastert. Er setzt einen Fuß vor den anderen. Links. Rechts. In hundertzwanzig Schritten wird er seinen alten Freund Pawel treffen, den er seit einundzwanzig Jahren kennt. Ihre Begegnungen werden immer seltener. Inzwischen sehen sie sich nur noch zwei- bis dreimal im Jahr. Alpha bewundert Pawel für sein offenes, zugängliches Wesen und für seine große, schlanke Gestalt. Er misst einen Meter fünfundachtzig. Beim letzten Treffen waren seine blonden Haare durchschnittlich zehn Zentimeter lang und fielen ihm locker in die Stirn. Pawels Leben könnte er nicht führen, meint Alpha. Pawel möchte sich erfahren, probiert sich aus und hangelt sich von Job zu Job. Alpha sehnt sich nach Ordnung und Bestimmung. Das hat mit dem Alter zu tun, denkt er. Am zwölften dritten wurde er dreiunddreißig. Pawel hingegen hat sich mit den Jahren kaum verändert, fällt ihm auf. Es sind noch einunddreißig Schritte bis zum Ziel.

Fünfzehn rechts und sechzehn links. Alpha erkennt Pawel aus zehn Metern Entfernung. Er ist Teil einer Gruppe von sieben Personen, die vor einer überfüllten Bar in einer Reihe steht. Sein Freund ist die Nummer drei. Er unterhält sich abwechselnd mit Nummer zwei und Nummer vier. Pawels Erscheinung irritiert Alpha. Er trägt einen langen braunen Mantel mit einer neunteiligen Knopfleiste und einem üppigen Pelzkragen. Alpha reicht ihm die Hand. Pawel greift danach, legt ihm den Arm um die Schulter und zieht ihn zu sich.

– Alpha, wie geht es dir?

– Es geht ... dir?

– Exzellent. Ich mache jetzt Musik. Ich hätte viel früher damit anfangen sollen. Es ist großartig.

– So?

Nummer zwei fragt Pawel, welches Instrument er spielen würde. Alpha nutzt den Augenblick, um die äußere Form ihrer Begegnung zu definieren. Gemessen an der Geschwindigkeit der Schlange rechnet er mit dreißig Minuten, bis sein Freund, er und die restlichen sechs die Bar betreten. Er teilt die Zeit in zwei Abschnitte zu jeweils fünfzehn Minuten ein. Neun Minuten möchte er sich unterhalten, sechs möchte er schweigen. Pawel stellt Alpha seinen Freunden vor und tauscht sich weiter mit ihm aus. Als die ersten neun Minuten vergangen sind, lässt Alpha das Gespräch auslaufen. Er antwortet einsilbig auf Pawels Fragen und stellt selbst keine. Pawel sucht erneut Unterhaltung mit Nummer zwei und Nummer vier, während Alpha neben ihm steht und sich umsieht. Bevor die sechsminütige Pause abgelaufen ist, spricht ihn Nummer zwei an. Sie hat sich ihm als Ida vorgestellt. Kurz überlegt er, sie zu ignorieren.

– Du kommst mir bekannt vor.

– Ich wüsste nicht, woher.

– Arbeitest du am Institut?

– Ja.

– Eine Freundin von mir ist auch dort ... vielleicht darüber ...

– Und du?

– Bin bei SPK. Wetterprognose. Ich muss immer früh aufstehen ...

bin auch schon müde. Aber heute will ich feiern.

Während des Gesprächs vermisst Alpha Idas Erscheinung. Immer wieder beginnt er von neuem, weil sie sich seiner Ordnung entzieht. Konzentriert verzeichnet er jeden Wandel in ihrem blassen Gesicht, bis ihm die Augen brennen. Schließlich wendet er sich ihren schwarzen Locken zu. Sie bilden eine wilde, undurchdringliche Masse. Sie schieben sich in- und übereinander, sind nicht zu sortieren. Davor und Dahinter verschwimmen. Ihm wird schwindelig. Er schwankt. Ihm wird flau im Magen. Er überprüft seinen Stand, blickt erst auf seine Hände und dann hinauf zum Mond. Ida bemerkt seinen Blick.

– Phasenwechsel.

– Stimmt.

Gerade gehen die neun Minuten der zweiten fünfzehn Minuten vorbei. Obwohl er gerne wüsste, was Ida über den Mond zu erzählen hat, bricht er das Gespräch erleichtert ab. Er gibt vor, eine wichtige Nachricht schreiben zu müssen. In sechzig Sekunden werden Alpha und die anderen eingelassen. Kurz davor wendet sich Alpha an Pawel.

– Ich gehe jetzt.

– Tatsächlich?

Pawel zeigt sich wenig überrascht. Dann kommt Ida dazu.

– Du gehst?

– Ja.

– Komm doch noch kurz mit. Kurz! Eine halbe Stunde. Wenn es dir nicht gefällt, kannst du gehen ... Komm, wir trinken etwas, reden ein bisschen, tanzen ein bisschen ...

– Da bin ich mir nicht so sicher.

– Komm!

Am Einlass wird man ungeduldig. Hinter ihnen drängen die Wartenden. Alpha zählt von drei herunter. Drei. Zwei. Eins.

– Na gut.

In der Bar herrscht großes Gedränge und Geschiebe. Viele streben zur Theke, wo man sich gläserweise zu trinken bestellen kann. Einige kaufen gleich mehrere Gläser und verteilen sie in der Menge.

Eines enthält zweihundert Milliliter. Pawel, Ida, Alpha und die anderen quetschen sich nach rechts durch, in den hinteren Teil. Sechs Stufen führen in einer Windung hinauf auf eine Zwischenebene, die sich einen Meter über dem Fußboden befindet. Der Sauerstoffgehalt nimmt dort um drei Prozent ab. Alpha zieht sich in eine Ecke zurück und beobachtet die Szenerie. Die neunzig Grad der Raumkante empfindet er als sehr angenehm. Die sieben singen die Lieder aus den Lautsprechern mit und liegen sich in den Armen. Ab und zu rufen sie sich etwas ins Ohr und lachen sich an. Pawel erregt viel Aufsehen mit seinem langen Mantel und seinen blonden Haaren. Eine Frau spricht ihn an. Sie deutet zwischen zwei Knöpfe, wo sie einen unregelmäßig großen Abstand von fünfzehn Zentimetern entdeckt hat. Pawel nickt zustimmend. Sie lächelt ihn von unten an. Er legt seinen Arm um ihre Schulter und sie setzen sich gemeinsam an die Theke. Alpha beobachtet das Mienenspiel im Gesicht der Frau. Als er nach einer Weile wieder hinblickt, küssen sie sich. Alpha tanzt nicht und stört sich nicht daran, dass es die anderen tun. Ida lässt er nicht aus den Augen. Sie bewegt sich, als würde sie mit dem ganzen Körper atmen, findet er, als würde sie sich ausbreiten und wieder in sich konzentrieren. Ihre Blicke treffen sich. Sie zwinkert ihm zu. Er erschrickt, sieht ausweichend an ihr herab und bemerkt, dass ihr Getränk nur noch zu einem Drittel gefüllt ist. Vorsorglich macht er sich auf den Weg zur Theke, um ein neues Glas für sie zu holen. Alpha zählt hundertzwölf Personen in der Bar. Die Lautstärke beträgt dreiundneunzig Dezibel. Manchmal wird ein Lied gespielt, bei dem die meisten Gäste einstimmen. Dadurch verdichtet sich die Atmosphäre und alle rücken enger zusammen. Es sind etwa drei Millimeter. Als er ihr das Glas bringt, freut sich Ida über die Aufmerksamkeit und umarmt ihn zum Dank. Sie bietet ihm einen Schluck an, aber Alpha lehnt ab. Durch die Enge vor der Theke ist ihm das Blut in den Kopf gestiegen. Er fühlt sich fiebrig und bekommt schwer Luft. Er wundert sich, dass er anscheinend der Einzige ist, dem es so geht. In den glasigen Blicken der Gäste kann er nichts lesen. Er sucht nach Pawel, kann ihn aber nirgends entdecken. Er spricht zu Ida.

– Die halbe Stunde ist vorbei.

Sie versteht, was er sagen will. Sie scheint nicht enttäuscht zu sein, eher freut sie sich, dass er mitgekommen ist.

– Ich komme mit raus.

Vor dem Eingang stehen sie sich gegenüber. Ida fröstelt.

– Was ist deine Nummer?

– Zweitausend, zweivierdrei.

– Ich rufe dich an, Ida.

Sie streckt ihre Arme nach ihm aus. Er zögert. Nach drei Sekunden kommt er ihr entgegen. Seine Hände legen sich flach auf ihren Rücken. Erst die linke, dann die rechte. Ihre Wange schmiegt sich an seine. Seine Finger zittern. Feuchtigkeit dringt durch die Poren. Er schluckt. Auf seinem Hals spürt er ihre sanften Atemstöße. Eng zieht er sie an sich. Sein Herz klopft an ihre Brust. Auf ihren Gesichtern vermischt sich der gelbe Strahl des elektrischen Lichts mit dem weißen Schein des Monds.

ALLE MEINE FREUNDE
Inga Fischer

Am Morgen waren in der Dusche Fliegen, die wie Fledermäuse aussahen. Mini–Fledermäuse. Hingen schon vereinzelt im Flur, dutzendfach bei der Treppe, Clane an der Küchendecke. Die Küche, eine Waschmaschine, sechs Mikrowellen, in zwei Reihen übereinander gestapelt, käseverkrustet. Sie hatte eine Kochplatte im Zimmer, samt Spüle und Kühlschrank, zum Glück.

Die Dusche war die Brutstätte, anderthalb Quadratmeter ohne Tür, nur zwei Saloonbretter mit Guckspalten trennten sie von der Küche, von schräg oben bekam man Einsicht. Einmal hatte sie ein Paar Füße draußen vor der Waschmaschine gesehen, zehn blond behaarte Fußstreifen, Zehen und die Andeutung von Beinen und Haaren. Sie gleich verdächtigt, Truthahnfüße, ihr Handtuch über die Tür geworfen und sich nass in die Klamotten gezwängt.

Sie huschte aus der Dusche raus, die verstaubten Treppen hinauf, Tür auf, die Fliegen mit rein, etwas Flüssigkeit, die Fliegen raus, Tür auf zur Toilette im Gang, alles frei.

Manchmal hörte sie den Fernseher durch die Wand, auch Schritte, Gespräche, Streitereien, rhythmisches Bettknarren, Geräusche wie Straßenlärm, ohne Gesicht, störten sie tagsüber nicht, nachts schon. Jemand war heute Nacht in ihrem Zimmer gewesen, neben ihr im Hochbett, hatte sie am Handgelenk gepackt. Sie, schweißgebadet aufgewacht, sich den Kopf an der Decke gestoßen.

Sie trank aus, atmete aus. Blick in den Spiegel: Sie überschminkte sich Augenringe, fahle Wangen, blasse Lippen, malte ihr Muttermal nach, sah lässig aus, gut. Nahm den Parka vom Haken, war bereit für die Stadt, ein barocker Traum, und sich selbst zu gefallen.

Die Sonne wärmte die Ziegelsteine, rostrot und weiß gemustert. Mehr Fenster als Wand, davor Weinreben, Bänke, alte Laternen, junge Bäume und Fahrräder, die sich wie Tauben auf den Plätzen tummelten. Sie ging rechts runter durch den Bakkersteeg, über die Gracht, Molensteeg und Raamsteeg weiter bis zum Hoogvliet.

Wie immer kaufte sie eine Tüte mit drei labberigen Puntjes, dazu Smeerkaas 15+, Dubbelvla und für nachts ein Fertiggericht mit Pute, das sie nach der Heimkehr kalt verspeisen würde. Und billigen Weißwein natürlich. Ausländische Supermärkte faszinierten sie, de Ruiter Hagelslaag und eingeschweißte Pfannkuchen. Alles ein bisschen anders. Auch sie war eine andere hier, eine der anderen, hatte ihr altes Ich, wie die Heuschrecke ihre Haut, abgestreift und mit etwas Wein hinuntergespült.

Sie packte die Einkäufe in die Tasche, die DVD von Sinek aus, mit ihr Gedanken an den Vorfall neulich. Hatte ihn seitdem nicht gesehen, schleppte die jetzt seit Tagen mit sich herum, Billy Wilder mit Ray Milland, worum ging es gleich? Der Film hing, sie würde ihn zurückbringen.

Am ehemaligen Krankenhaus, 259 Zimmer für ausländische Studenten, fuhr sie die Klingelschilder ab, suchte Sinek Curaçao, fand einen S. Kurak. Hatte sie seinen Namen falsch verstanden? Sie sah zum Giebel. Dann fiel ihr etwas ein. „Heut ist dein Geburtstag", summte sie, „darum trinken wir, alle deine Freunde …" Schnell ging sie weiter. Sie würde ihn nachher sehen und ihm ein Geschenk machen.

Zurück im Zimmer schaltete sie den Fernseher ein, setzte sich auf die Couch, breitete ihre Einkäufe aus. Die Fliegen nicht mehr als der Gedanke einer anderen. Sie schmierte Brötchen im Takt, trank Vla aus dem Cocktailglas, einen Schuss Bailies für den Geschmack, Krümel auf dem Tisch, egal. In den Nachrichten: Einschulung der

Kronprinzessin, der geplante Anti-Islam-Film von Wilders, außerdem Mord nach Drogen-Orgie in Italien, Hauptverdächtige eine 20-jährige Austauschstudentin. Danach America's Next Topmodel und eine Datingshow im australischen Outback, nur um Englisch zu lernen natürlich.

Der Magen voll, in ihr die Leere. Durst nach dem Abend. Sie sollte vorher etwas Sinnvolles tun. Die Hausarbeit schreiben, nein, ein paar englische Redensarten lernen, vielleicht, später gewinnbringend einsetzen.

When the elephant stands
in my room at night
it soon comes to light
who are foes and friends

Sie sah auf die Bildschirmuhr, immer noch zwei Stunden, versuchte den Moment zu fassen, in dem sich die Zahlen änderten, als würde das etwas. Dann hatte sie wieder das Lied im Ohr. Ihr zehnter Geburtstag am Bach. Wie sie alle durch das Wasserrohr gekrochen waren. Hinterher hatten sie die Schlammklamotten in der Sonne getrocknet und nackt Schwarzwälder Kirschtorte gegessen, ohne Kirschwasser natürlich.

Facebook war wie ein süßer Drink. *Lena is ... still drunk*. Likes von Jim und Pina. Sie fügte Margarita hinzu, gestern kennengelernt, obwohl kannte sie schon, eine Freundin von Pina, angeblich mal mit ihr gesprochen, konnte sich nur nicht mehr daran erinnern. Hatte ihr gleich von ihrer Table-Dance-Einlage erzählt, „You crazy girl", ein Kompliment. Sie waren für den Abend verabredet. Ihr Blick streifte die Flasche auf dem Tisch. Ale und das Glas Wein. Sie hatte Ale gestern das Glas Wein über das weiße Hemd gekippt, Rotwein. „Do it!", hatte er gesagt, als sie zum Scherz eine entsprechende Geste, „Really?", „Yes, do it, do it!" Dann war er verschwunden, hatte er's geschluckt? Sie schluckte. Unwillkürlich klickte sie auf Sineks Profil, er mit Saxophon, mit

Katze, mit Freunden, mit Freundin, im Swimmingpool, noch in der Türkei aufgenommen, liebestrunkene Augen, blickten sie vom Bildschirm an. Heute würde er kommen, heute musste er.

Sie wusste immer, wohin. Wenn keiner mitkam, ging sie halt allein. Hatte sie zuhause nie gemacht, aber damals auch nicht gebraucht. Zuhause war jetzt ein sprechender Name mit sechs Buchstaben und vier Bars. Die WG, die Ex-Besten, galt es zu ersetzen, x Möglichkeiten. Davor, danach stundeten sich die Stunden, ihr Zimmer verengte sich, Wände schlossen ein in Träume, wenn sie denn Schlaf fand und nicht ihr Mitleid für sich ertränkte.

Wochenplan
Montag: Happy Hour Proost
Dienstag: Happy Hour Proost
Mittwoch: Stammtisch Einsteins
Donnerstag: Odessa, 2 Pitcher für 1
Freitag: Tabledance Masymas
Samstag, Sonntag: Spontane Einigung
auf eine der vier Möglichkeiten.

Am Donnerstag hatte sie das Odessa verpasst, sie waren in Rotterdam im Club gewesen, also heute da hin. Margarita öffnete die Tür, schon voll, an den Australiern ging sie gern mal enger vorbei, heute war ihr nicht danach. Ihr Blick flog über die Köpfe, Sineks kurzgeschorener nicht darunter, es war ihr auch lieber, er würde später kommen. Sie begrüßte die ersten zehn vertrauten Gesichter des Abends, Bierdeckelgespräche im Vorübergehen, sie gingen rüber zur Bar. Einmal hatte Sinek sie dabei gesehen, „Du kennst so Viele", das war ihr Ziel gewesen. Aus Angst etwas zu verpassen, hatte sie Gruppen gesucht, beobachtet und bald verstanden, dass Anderssein erwünscht war, interessant machte, und es war ihr leicht gefallen. Jedes Gespräch konnte mit einem landestypischen Trinkspruch begonnen und einem Kulturaustausch beendet werden. Jeden Abend zählte sie die Nummern, wenn sie es noch geschafft hatte, sie richtig einzutippen. Nur das Geld wurde langsam knapp, heute hatte sie auch vorher keine Zeit gehabt, ein Missverständnis und Margarita hatte geklingelt, bevor sie den Wein. Jetzt fühlte sie sich irgendwie unvorbereitet, die Leere des Nachmittags lag drohend in der Luft und in ihren Beinen zuckte es.

Sie setzten sich auf die Bank zwischen dem Damen- und Herrenklo, ein guter Platz. Sie links neben Margarita, dann Pina, Ale ihnen gegenüber, trank nicht mehr. „Hab meinem Freund davon erzählt", sagte Margarita und lachte, „Er hat mir eine offene Beziehung angeboten." Sie zog sich ihren Pullover aus. Zwei Australier fragten sie, ob sie das noch einmal wiederholen könne, sie guckte genervt weg. Pina und Margarita steckten die Köpfe zusammen, der Bass hinter der Theke dröhnte, löste Wörter in Klanggebilde auf. In dem Moment schob sich eine Frau im roten Tubedress, an der Hand ein Breitschultriger, an ihr vorbei. „Hey Mary!", rief sie, obwohl sie nicht glaubte, mit ihr irgendetwas gemeinsam. Küsschen auf die Wangen, Mary deutete auf den Breiten, „This is Jack-from-Tennessee", als wäre das sein Name. Sie bemerkte spitz, was Marys deutscher Nachname noch bedeutete. Mary grinste, „I am Miss Mary Cron, the German schnapps!", hob ihr Glas, um mit ihr anzustoßen, aber sie hatte nichts mehr. Jack-from-Tennessee hielt ihr seins entgegen. „Do you like this beer?" Sie schüttelte den Kopf. Er verzog das Gesicht und tippte auf das Glas, „Pure fat, just carbs. I am a football player, need to eat a lot of meat. Chicken, turkey. Do you like turkey?"

Bei dem Gedanken an kalten Truthahn wurde ihr ganz anders. Sie stand auf, bahnte sich den Weg zur Theke, bestellte eine Sprite. Als sie zurück an ihren Platz drängte, saß da Sinek im Gespräch mit Margarita. Seit dem Vorfall neulich war er frei, darüber zu sprechen, sie vogelfrei.

Sie warf die Haare über das Gesicht, ging blind an ihnen vorbei, mit der großen Tasche in den winzigen Vorraum mit Waschbecken. Sie kippte die Hälfte der Sprite in den Ausguss, es drückte gegen die Tür, sie quetschte sich in die Kabine, schloss ab, stellte das Glas auf den Spülkasten, klappte den Deckel runter, hinsetzen, die Tasche auf die Beine, die Flasche, Blue Curaçao, eigentlich ein Geschenk – aber hatte er das überhaupt verdient?

Sie war ihm genau hier zum ersten Mal begegnet, nein, auf der Herrentoilette. Er kleiner als sie, irgendwie grobschlächtig, in seinen Augen etwas Morsches, das sie brechen könne, so glaubte sie, folgte ihm zur Bar. Luftrecht im Master studiere er, sagte er zwischen zwei Bier, und sie erwähnte eine Debatte über den Abschuss entführter Flugzeuge, Fernsehwissen, das sie ihm lauwarm aufbereitete. Dann sprachen sie über alte Filme, Amsterdam und Filmmuseum schlug er vor, sie lehnte ab, war das Angebot doch hier so groß, so verlockend. Sie trafen sich nach Wochenplan. Sie trank, er hielt nicht mit, aber den Mund.

Vor sechs Tagen dann, auf der Kostüm-Party im Hi-Fi, küsste Ale sie oder sie ihn. Sie stieß ihn weg, stellte sich zu Sinek und schnorrte eine Zigarette. Sie rauchten, tranken, stillschweigend übereinkommend, bis ihr die Fluppe aus dem Mund fiel und er sie auffing. Als sie zu sich kam, hatte er ihre nasse Hand umfasst.

Am nächsten Tag hatte sie ihn zu sich eingeladen, die Flaschen vorher auf den Balkon geladen. Sie öffnete die Fenster, Bettwäsche über die Geländer, versprühte Rosenholzduft, der Geruch blieb. Um kurz vor war sie bereit, noch Zeit für einen oder zwei. Dann kam er endlich und ihr war schon warm. Er setzte sich auf die Couch, sie zwischen ihm und ihren Freunden. Auf einmal sollte sie sich entscheiden. Betäubendes Schweigen. Wofür sich verteidigen? Er griff nach dem Jack-from-Tennessee und leerte ihn. Die Spüle gluckerte undankbar.

Es klopfte an die Tür. Sie goss sich ein.

Am nächsten Morgen hatte sie die Fliegen das erste Mal gesehen. Schwarze Zacken, die an der Zimmerdecke schwangen. Sie fuhr zusammen, griff nach dem erstbesten Gegenstand, der DVD, und schlug ins Leere. Sie zwinkerte. Die Fliegen zerplatzten, wie kleine Träume.

Es klopfte an die Tür. Sie zog die Spülung.

Nachts war sie wieder aufgewacht von dem Druck. Jemand in ihrem Zimmer, neben ihr im Hochbett, hatte sie am Handgelenk gepackt. Sie verwirrt auf ihre Hände geblickt: Die linke Hand umklammerte das rechte Handgelenk. Sie war frei. Allein.

When the elephant stands
in my room at night,
it soon comes to light
who are all my friends

You're on the bench,
giving me cold turkey
Clear off, you'll see:
I don't pardon my French

I'll curse you on the spot
and give you no quarters,
have your guts for garters
So just give me – another shot.

STILL STORM – AMUSEMENT TWO
Charlotte Triebus

Argumento de simetría

¡Mira!, me dijo el joven y trazaba con un pincel
grueso una línea desde una estrella hasta el punto
en el horizonte aún ávido de luz:
'ahora el mar está mas alto que el cielo.'
Y tras un silencio largo exclamó: 'Efectivamente!' y
levantó sus cejas para resaltar su punto –
'El horizonte no está. Entendemos el estado
después de la vida tal como el anterior –
estar sin miedo.'
Se veía a lo lejos formas de luces fugazes,
indeterminadas, bien compuestas.
(Estabamos en calzones, solos, fumando.)
Luego, seguímos andando.
Amanecía otra vez,
de nuevo.

: Symmetry Argument

Look!, the young man told me, and with a thick
brush he drew a line from a star to the point on
the horizon still overboarding with light:
'Now the sea is higher than the sky.'
And after a long silence he exclaimed: 'Indeed!'
And raised his eyebrows to highlight his point –
'The horizon is not there. Let us understand the
state after life just like the one before – being
without fear.'
One could see in the distance shapes of
fleeting lights, indeterminate, well composed.
(We sat in panties, alone, smoking.)
Later, we walked on.
It dawned again,
again.

Hamstern

Du schiebst dich aus der Dämmerung
in die Wolke meines Kopfs,
platzt auf in der Brühe meiner Gedanken,
blubberst basstief als greifklar Gefühltes
— Tagtraum, wann kommst du wieder?

Schwappst dickflüssig in meine Morgentasse,
als Nebel kann ich dich kaum rühren,
und ehe ich dich schlucken kann,
tauchst du durch meinen Gaumen wieder auf
— — ich will dich schmecken!

Zwischen Fingerkuppen bröselst du
aus Erinnerungsstaubrhomben ins offene Fenster hinein
ich wach, ich träum
        — bleib doch!
        Ich halt dich! Ich wärm dich!

Mir fällt der Tag entgegen.

: Hamstern

You are pushing out of the dawn of dawn,
into my head's clouds,
flocking up, in the broth of my thoughts,
bubbly bassy as a tangible remembered touch
— daydream, when do you consider coming back?

Sloshing thickly into my morning dew,
as a fog I can hardly spoon you,
And before I dare swallowing,
you dive through my palate again
— — I wanna taste you hard!

Between fingertips you crumble bursting from dust-dome-
wakening-squares into the open window
I wake, I dream
　　　　　— stay so!
　　　　　I hold you! I warm you!

The day is falling over me.

Beton im Garten

bin eingegossen in meine edle Jacke die noch ganz trügerisch
Falten geschlagen hat, bevor sie starrte – trag jetzt einen Stein
mit mir herum
und wenn ich mich nicht beeile
werden daraus
zwei – Betonjacken bomben nachts
Träumen zum Trotz
Risse in die Seidenkugel

: Hormigón en el jardín

vertida en mi noble chaqueta
que echó arrugas de forma bastante engañosa antes
de endurecerse – llevo ahora una piedra conmigo
y si no me doy prisa
se convertirán en
dos – bombardean de noche las chaquetas
de hormigón a pesar de los sueños
grietas en la esfera de seda

Forced Manicure

Oh hello!, fresh pouring rain, my face is waxen, so you
can't leave your traces today. Since the last time, I have
taped and recollected all of my bars, (stored them well),
and the imprints where they have been, are no longer there.
They have plastered the green, green grass before the
crocus bloom, they have cast in bronze all those moments
of strength.
I have been a tigress, but now my skin is empty.
Nasty Coward.

    Grün und Rot
    stirbt das letzte Wort in dir
    – ich rauche Luft
    bunte Bälle statt Münzen auf den Augen
    Wo sind die zwanzig Jahre, die du mir versprochen hast?
    Deine Stimme würde ich umarmen
    und nie mehr los
    lassen, könnte ich
    –.

Sag mal

Sag mal, – –

Fühle ich deutlich
Und würde es nie sagen
Weil Worte es doch nur klein –
Und eigentlich, sollte nicht,
weiß aber gut, dass muss – – und.

Ehrlich gesagt, drum.
Alles klar, besauf mich vor.
Dann doch nicht echt.

Schlaf aus – zu nüchtern,
Warum nur so – aah –°

Zieh
verdammte Hand zurück
Und seh in dir.
Dass du auch.

: Say

Say, – –

I feel crystal
And would never admit
Since words only lessen –
And actually, should not, but
know well that must – – and.

Honestly, so be it.
All right, get me preplastered.
Then so not real.

Sleep late – too sober,
offensively – aah –°

Pull back
bloody hand
And see in you.
That you, too.

Refugium

Brought up in a cube
the walls all white
no lock, no hole, no dusk, no bright
no frost, no fear, no fool, no green
protect me well from what I've seen
A single bloom, carefully set
Replaces all empty in my head
Sets, huts, deeds, gots
Don't bother my space
– so I fill it with not's.

busy with grief
my face is cut open and underneath
the open sea, the salty corals, the thick
dark simmering lava.
You
are
not.

I sleep in a bag, size of a matchbox
and if you fire my head up, my dry
torso sophocates.

We find yet uncovered
all our insides
Being societal so oddly in line
You wonder ascance
how harried my soul is
Still storm outside
This is to be mine

Aggressives Schlafen
schlägt Fuß
drückt Knie
wälzt – schmeißt – reißt
hängt im Laken, räkelnd
zieht sich zusammen
lässt Geier aus Träumen geifern

und hält Maschinengewehr – geladen –
pocht Blut durch die Ohren
hysterisch, wirft sich durch Gedankenbahnen
rennt an gegen die Galopper der –

Flocken fallen zart in die Weite und mein Dompteur schiebt
süffisant die Fackel an den nächsten Tag.

: Aggressive Sleeping
strikes foot
pushes knee
wallows – heaves – severs
hangs in the sheet, sprawling
contracts
makes vultures drool from dreams

and holds a machine gun – loaded –
pounding blood through earlaps
hysterical, throws himself through thought trails
runs against the gallopers of –

Flakes sway tenderly into the vastness and my tamer pushes,
smugly, the torch to the next day.

Stamm
Ich verliere mein Bein

Und während ich noch früher so lief,
als hätte ich vier, habe

ich jetzt noch ein halbes.

Wir fassen uns an den verbliebenen
Händen und gemeinsamer

Schweiß tropft auf die Kacheln.

Wir lassen nicht los.

Mein Körper ist so voller Nebel, dass ich zittere,
wenn die Kugel gegen unsichtbare Gegenstände stößt.
Strom schlägt, knall!, knallt gegen Häute und schluckt

Voller Verlorenheiten, die Fenster, von den Schatten,
die sich in ihnen spiegelten.

Z: Der Astronaut

Aus dem Universum schaut
Ein Astronaut
Ruhig auf die Welt zurück.

Weltraumrauschen zerreisst die Stille seiner Adern.
Nabelleine, wo bist du gewesen?
Angefüllt doch reglos treibt er schweigend in sein Glück.

Adieu, begeb mich gleich in deine Obhut.
Begreift ihr nicht, wie klein wir sind?

Der Astronaut
Er glaubt
Und gut.

ICH WÜNSCHTE, WIR WÜRDEN UNS LOSWERDEN
Natalie Harapat

Warm. Das erste Mal schon morgens. Nicht erst Tiefstgrade, die zu Höchstgraden werden. Wie einfach jeder Frühling einen erstaunt, mit seiner Neuheit, seiner Unbedarftheit, seinem Charme. Wie wir dem alle erliegen. Ein Aufatmen, kollektives. Überwunden das alles. Von heute auf morgen. So angenehm, dass die Veränderung nichts anderes als eine Verbesserung ist, die heilt. Krater zu Hügeln macht. So alles plötzlich möglich macht. Auch das mit dir.

> Seitdem ich hier bin, beobachte ich dich. Hebst dich ab, ohne Bemühung. Fällst ins Auge, ohne Hintergedanken. Geht gar nicht anders. Wundert mich fast gar nicht, dass du dann nachts auftauchst, obwohl wir noch nie ein Wort gewechselt haben. Hast dieses Ernste, Erhabene, Überlegene, Unantastbare, Distanzierte.

Schreibe einfach. Denke gar nicht darüber nach. Schicke es ab. Konsequenzen? Zukunft? Was? Wäre? Wenn? Einfach nein. Ein Jetzt. Ein Moment. Eine Tat. Nichts weiter. Und du antwortest. Ein Café. Ein Gespräch. Ein Hochgefühl.

> Sind in ähnlichen Situationen. Du hast gerade eine Beziehung beendet. Dir wurde gerade eine Beziehung beendet. Ist dir durch die Hände gerutscht, konntest sie nicht halten. Du nicht sie, ich nicht ihn.

Du nicht ihn, ich nicht sie. Und jetzt sitzen wir voreinander.
Klopfen mal hier dagegen, tasten das ab, fühlen dort nach,
locken jenes hervor. Doch eigentlich ist jedes Wort nur zu
Ton gewordene Luft, während unsere Körper schon alles klarge-
macht haben. Das nehm ich mit, das sitzt. Nistet. Denke an
deine Haare, deinen Geruch, dein Lachen und weiß sicher, was
unerklärlich ist. Im Büro am nächsten Tag schaue ich bei dir
vorbei. Lade den Raum auf. Will gar nicht gehen. Nur, um dich
immer wieder wiederzusehen.

> Merke, dass schon etwas in Gang ist, dass du bereits in
> mich hineingestolpert bist, so schnell. Wie du bei all der
> Bewegung unbeweglich in unserem Büro stehst. Brauchst
> gar nicht zu sprechen, die Luftströme zischen deine
> Absichten in alle anwesenden Ohren. Meine Knie klopfen
> klackernd aneinander. In deinem Rhythmus.

Will dich wiedersehen, muss dich wiedersehen. Reicht mir nicht,
die Zufallsmomente zwischen Arbeitstüren, Gängen, Tischen.
Würde dir überallhin nachgehen. Würde warten, ausharren,
Stunden, um das Zeitfenster zu verkürzen von Nicht- zu Ansehen.
Ritze deinen Namen in meine Schreibtischplatte. Kaufe dir zum
Mittagspausennachtisch Kaktus-Eis. Du vergisst, dass es im
Eisfach liegt.

> Deine Nähe macht Ecken rund, es wird weich in deinen
> Armen. Nimmst mich mit in deinem Auto, nimmst mich
> mit in dein Bett. Folgst mir zu Freundin, Eltern, Arzt.
> Und ich? Frage mich, ob du sie nicht vermisst. Frage dich,
> ob du sie nicht vermisst.

Fragst du mich, weil du ihn vermisst? Irgendwas zieht und das
bahnt sich seinen Weg.

Während du schon bis zum Hals da drinstehst, halte ich
nur gerade so die Fußspitze rein. Während du nicht genug
kriegst, muss ich immer wieder einen Schritt zurück-
treten, um mir das anzusehen. Was kannst du für mich
sein? Im Versuch, dafür eine Kategorie zu finden, schei-
tere ich am Angebot.

Verabreden uns auf dem Bürobalkon, du kommst nicht,
ein wichtiges Telefonat.
Verabreden uns auf meinem Balkon, danach fährst du,
zu viel zu tun.
Verabreden uns auf deinem Balkon, da piept ein Handy,
schriller als sonst.

Tage länger, Luft wärmer, habe die Sonne im Blick, sehe
die Wärme in allem, aber mich, mich erreicht das nicht.
Ich bin erst erreicht, als er mir schreibt. Er brauche mich.
Er müsse mit mir sprechen. Worüber verdammt will er
noch mit mir sprechen?

Worüber verdammt will er noch mit dir sprechen?
Verdammt! Weißt du, was hier gerade entsteht? Was dir entgeht,
wenn, was wäre wenn? Oh bitte kein – denn: Was wäre wenn?
Wenn drei Jahre mehr wiegen als drei Tage?

Du weißt, ich kann das nicht ignorieren. Selbst, wenn ich
wollte. Seine Stimme ruft mich, sitzt tief in meinem Ohr,
streichelt das Trommelfell, übertönt meinen Kopf.
Und du? Du sagst, du verstehst. Einer ausgelegten Schnur
folge ich. Ich esse den Köder. Er schmeckt nicht.

Lüg mich nicht an. Du kannst alles machen, aber lüg mich
niemals an.
Für mich ist das nicht abgeschlossen.

Nachdem er achtmal gegangen und wiedergekommen ist?
Vielleicht brauche ich ein neuntes Mal.

Wie dein Haar auf meiner Brust tanzte. Lese jedes verbliebene
einzeln auf, im Bett 8, im Bad 3, im Flur 7. Das soll er jetzt
wiederhaben? Das ist doch falsch. Daran ist doch alles falsch!

Ich kaue auf dem Köder, schlucke ihn runter. Er liegt quer
in meine Magenschleimhaut stechend. Würge ihn hoch,
kaue nochmal, fester, schlucke, und würge ihn wieder
hoch. Als würdest du hinter mir stehen und an meinen
Haaren ziehen. Als hättest du die Faust in meinen Haaren
geballt. In jedem Moment mit ihm.

Du triffst ihn, du triffst mich.
Ein Tag. Eine Woche. Ein Monat.
Ich muss dich sehen.
Was ist, wenn er uns erwischt?

Als ich aus deiner Haustür trete. Als ich in mein Auto steige. Als
ich den Berg hinabrolle. Kommt er mir entgegen. Mal komme ich
näher, mal rinnst du mir durch die Hände. Und das hat alles nichts
mit mir zu tun. Ich weiß alles über ihn. Ich verabscheue ihn.

Es klappt nicht mit ihm. Es klappt nicht mit dir. Immer
häufiger Streit. Immer wieder diese langen Gespräche auf
dem Bürobalkon. Rauche jetzt wieder, damit das alles
weniger auffällig ist. Die Kollegen: „Wird das noch was bei
euch beiden?" Unschuldig tun. So tun als sei nichts. Was?
Was denn? Wir sind nur Freunde.

Du kannst allen erzählen, was du willst, solange ich weiß,
dass du eigentlich mich liebst. Dass du eigentlich mich willst.
Ich halte aus, dass du ihn triffst. Sitze zuhause und starre

die Wand an. Ich kann nichts anderes tun, als abzuwarten.
Zu hoffen, dass du zurückkommst.

Du möchtest mit mir nach Paris.
Wir streiten.
Ich halte es nicht aus.
Du bist nicht bei mir.
Es fühlt sich nicht richtig an, nichts fühlt sich richtig an.
Ich werde in dein Handy gucken.
Hast du ernsthaft?
Wie kannst du sowas über mich schreiben?
Von allen Seiten engst du mich ein.

Ich fahre. Als ich die Wohnungstür aufschließe, kann ich nicht
bleiben. Was mache ich überhaupt hier? Sitze wieder im Auto,
fahre zurück. An einem Kreisel sehe ich dein Auto. Wo fährst du
hin? Das darf doch nicht wahr sein!

Ich bin doch nicht bei ihm.
Sag mir doch, dass du ihn liebst.
Ich hab doch nur mein Auto da geparkt.
Sag mir doch, dass ich dich in Ruhe lassen soll.
Glaub mir doch!
Du bist doch bei ihm?
Hör doch auf damit.
Hör doch du bitte auf damit.

Als ich aus dem Fenster schaue, sehe ich dein Auto auf
dem Parkplatz stehen. Du beobachtest mich. Ich krieche
von Zimmer zu Zimmer.

Fahre dir immer wieder hinterher. Beobachte, was du machst.
Wen du triffst. Wohin du gehst, wann du nachhause kommst und
ob du da bleibst. Selbst, wenn die Lichter ausgehen, bleibe ich.

Einmal als er da ist, trete ich seinen Auspuff ab. Der muss doch
was merken!

Du siehst deine Realität und ich meine.

Deine Realität ist keine. Du hast gesagt, du willst es beenden.
Ein halbes Jahr schon willst du es mit ihm beenden. Du hast dich
zwischen die Stühle gesetzt – wie lange willst du da noch sitzen?

Schläfst du mit ihm?
        Nein.
Seit einem halben Jahr nicht?

        Treffe ihn nicht. Treffe dich nicht. Sobald ich zuhause bin,
        gehe ich ins Bett. Kann die Augen nicht offenhalten.
        Bin ermattet von allem. Merke nichts mehr. Ich hab keine
        Ahnung. Ich hab schon alles dazu gesagt. 54 876 Mal.
        Nein. Ja. Ja. Verstehe ich.

Zerfallen ist alles. Auseinandergefallen ist alles.
Kratze die Fetzen zusammen.
Bilde daraus Puzzle, die mal Tapeten waren.
Drehe, verdrehe, schiebe, verschiebe, setze,
versetze – Form ergibt das nie.

        Ich weiß.

SAAL 22
Sonja Lewandowski

„Tanja K. in der Strafsache M. in Saal 22 bitte." Der wollene, schwarze Klagemantel schiebt Tanja unter schwankenden Grüßen an der holzgetäfelten Wand entlang am Publikum vorbei. Einen Schritt, hier ist Gericht, und echt ist gar kein Ausdruck, einen Schritt, hier liegt Gewicht, und Tanja hängt beweislos in den Laken, einen Schritt, in den Graben. Es schielt ein Gerücht aus der Menge und das meint Tanja. Hockt fast, nicht schwindelfrei, gräbt sich ihr Blick in die erstarrte Grube, ihre Hand, eine Wiese und ein Werkzeug, ihre Nägel treue Feldspaten, Tanja muss ihre Blätter noch einmal schärfen. Fuß und Blick und Nägel scharren im Gerichtssand.

Tanja steht mit dem Rücken zur Wand, einen Aktenordner mit vierzehn Blatt Papier an den Unterleib gedrückt, in dem sich Angst sammelt seit Dezember. Tanja, ein Hohlkreuz, da hängt sie, fasst feste um den Ordnerrücken, auf dem steht M. Dünn bist du geworden. Der Appetit ist ihr, die Bauchwand nach innen gefallen. Tanja frühstückt nicht mehr. Dumpf klingst du, wenn es an dir klopft, hohle Tanja. Herr M. klopft immer häufiger. Tanja öffnet nicht mehr.

Verstohlen warf er anfangs Blicke, aber nie einen Brief, auf den sie jetzt einen. Die Frage war, woher man sich und Tanja klappt den Ordner auf, ihr Gerichtsmantel, und liest ab, was sie sagt, ohne hineinzuschauen. „Wie's dann im Dezember eskaliert ist, hab ich immer versucht die Diskrepanz zu wahren." Tanja, blass bist du geworden, schaust mit Tunnelblick, seitdem Herr M. sie liebt, friert Tanja. Herr M. stellte ihr weiter nach, nur heute hätte man die Uhr danach, er kam nicht, und dem armen M., ein Saal sucht einen Stalker, kann man nur sagen, wie er es macht, macht er es. „Fälschlicherweise hab ich den Dauerauftrag falsch gemacht. Er klingelte dann bei mir, ich hab meine Auszüge geholt und er hatte ja Recht. Da muss ich was verdreht haben." Ganz durcheinander dünne Tanja. „Und so kamen wir ins Reden, im November war das", gibt sie zu – Protokoll, musst ja nichts gestehen, Tunneltanja. Jetzt ist März und „Finden Sie mal eine Wohnung in der Lage, gleich neben der Arena. Er hat mir das Dachgeschoss mit Terrasse und Blick auf das Henkelmännchen in Aussicht". Stellte ihr weiter nach, nur heute. Nicht, dass er es so meinte, M. ist ein Vermieter, ein besorgter Nachbar, der mal schauen will, der sich tätlich kümmert. Gepresst spricht Tanja zwischen Amtsgericht und Ordner, wirft Löcher in die vierzehn Blatt Papier, haltlos neben so wenig Beweis. Lastet auf ihr, so wenig Gewicht. Das bisschen Körper ist Archiv. M. hat einen Tunnel gebaut und lässt sie einstürzen.

Er klopft. Wonach er sucht, das weiß er nicht, aber er findet sie. So schön, sein Schatz. Steht auf der Matte, welcome home, und muss die Schuhe nicht abstreifen, kommt ja nur von unten, zweiter Stock, streift die Sohlen trotzdem, geht kurz auf der Stelle, ganz ungeduldig die verlaufenen Beine. Verschlägt es ihm die, M. M. ist ein Dezemberfenster. M. ist der Hof, zieht die Tonnen, M. kennt die Abfuhrtage. Montag bis Sonntag liegt Tanja über ihm mit dem Rücken zur Decke. M. regt sich hinter sie, ganz beschlagen, muss kurz stoßlüften, hängt ihr Hohlkreuz auf und glaubt an sie, feste. Besucht sie mit Blicken, geht in ihr herum mit leisen Schritten, das merkt sie doch nicht, Teppichboden. Er will ihr nichts. Er muss nur schauen, ob im Haus alles, wenn sie hier wohnen wolle. M. zieht seine Bahnen durch die Flure, den rothaarigen Schnurr mit den Fingern nach. Ein Volksmund, M. bringt die Liebe mit. Sie will doch hier wohnen und irgendwann die Aussicht auf die Arena. Kosten fallen keine an, ihm nicht ein, er wird mit. Ziehen ihm beim Aufwachen schon die Umzugskartons in den Lenden. Manchmal dann packt es ihn, dann wühlt er beim Aufwachen schon in ihrer Bauchhöhle wie Donnerstagsfrüh in der blauen Tonne, kurz vor der Abfuhr. Dass er sich nie von Tanja trennen wird. Schicht für Schicht trägt er die Papierwoche ab, Tanja bestellt gern, trägt jetzt einen neuen Mantel, stellt er sich vor, den Karton dazu in den Kleiderschrank. Hat sich eine Liste gemacht, Tanjas Listen. To Do. Packen. Anrufe. Kaufen. Tanja hat ihre Reihenfolgen. M. hat seine Mülltonnen. Freitagsfrüh, gähnende. Ja, Herr M., Papier war gestern. Kippt er den blauen Müllkasten über die Räder in die Waagerechte. Rechte, auch Herr M. hat Rechte. Dass nicht jeder richtig trennen kann. Herr M. hat einen Tunnel gelegt und kriecht hinein. Stößt sich den Kopf an ihren Wänden. Aber das merkt sie sicher nicht, aufbäumen, muss nur aufräumen. Nie war Herr M. so voller Tatendrang. Ein Mann, mit einem Ordner, auf dem steht Tanja. Herr M. liebt live und das bisschen Archiv ist ihr Körper, durch den er blättert. Er tut ihr ja nichts. Tanja, ich tu dir nichts! Wiegt seine Tunnel, liegt ihr im Rücken, heftet die Woche. Aus allen Tonnen kratzt er ihren Alltag und stampft daraus eine Passion, die heißt Tanja. Alles ist Tanja, seitdem sie bei ihm eingezogen ist. Und so trifft er sich mit ihr, zum Frühstück bringt er Croissants, die kleinen, und nennt sie Naschkatze, zum Mittag trägt sie ihren Mantel, der hat einen Fleck, und nennt sie wieder Naschkatze, und abends bringt er Marzipanbrote, die kleinen, es ist Dezember, sie ist seine Naschkatze. Nur ist Tanja nie dabei und erst als es ihm einmal so raus – Naschkatze – kommt alles ins Rutschen. M. sieht Tanja dabei zu, wie sie müde den Sand in ihre Augenwinkel reibt, den leinenen Bademantel schnell geschlungen, kein Knopf, kein Reiß, verschließt M. sich rasch den schnurrenden Volksmund. Er weiß, jetzt weiß sie, dass sie seine Croissants isst, jeden morgen und dass er den Fleck dort –.

Jetzt ist es Zeit, einen Schritt, und als sie zurückweicht, erst von der Tür, dann aus dem Flur ins Bad hinein, geht er einen Schritt, ohne die Sohle vorher abzustreifen, er kommt ja von unten, einen Schritt, M. läuft viel umher und denkt Tanja, Tanja, gerecht war das nicht, einen Schritt, ich tu dir nichts, Tanja, Kätzchen!, auf sie zu. Weit ist es nicht mehr.

Noch fünf Minuten hat Herr M., dann ist seine Viertelstunde rum. Die Richterin ruft noch einmal: „Herr M.! In der Strafsache K. in Saal 22."

Den Nabel zur Mitte gezogen, den Rücken von der bretterbeschlagenen Wand gehoben, stellt Tanja einen Fuß auf den andern. Tanja, die Sanduhr, wie man es dreht, das arme Ding, es läuft nicht rund.

M. ist nie aufgetaucht, Liebes. Leg dein fünfzehntes Blatt Papier in den Ordner, lose, du wirst es zu Hause lochen. Das bisschen Archiv.

.

ZOLLSTOCK SÜDFRIEDHOF
Thomas Empl

Wir stehen aneinandergepresst, schlechte Luft, die Karnevalsgrippe grassiert und es geht nicht weiter. Auf den Gleisen zwischen Gottesweg und Zollstock Südfriedhof hat ein ausparkendes Auto einen Motorradfahrer erwischt. Ein Krankenwagen stand eine Weile herum, die Verkehrspolizei malt Kreidekreisel um Hecksplitter, das zerstörte Motorrad und die Stelle, wo der Fahrer lag. „Ist jeden Tag was mit der 12, kannst du die Uhr nach stellen", sagt der mittelalte Mann neben mir, leicht geröteter Kopf, zu seiner Frau, keine Augenbrauen, FC-Köln-Mütze. Zwischen Friseur („steht dir gut") und dem Arte-Vierteiler (irgendwas mit Vulkanen, „schon beeindruckend") sprechen die beiden immer mal wieder über ihren Krebs. Der Tod ist in ihrer Konversation jedoch so allgegenwärtig, dass ihm keine besondere Aufmerksamkeit zusteht. Er bekommt zwei Halbsätze, „und wie wars beim Herrn Doktor?", „wie immer". „Das war schon was mit diesem Lavaregen", sind sie wieder auf Arte.

Ich tippe auf meinem Handy herum. Jetzt, wo ich sonst nichts tun kann, kann ich ja die Whatsapp-Nachricht meines Vaters von gestern beantworten. Wie's mir denn so ginge? Mein Vater geht auf die siebzig zu, lebt in Südtirol und ich mag ihn nicht. Wäre ich ein konsequenterer Mann, würde ich ihm gerade nicht antworten. Doch ich bewahre ein Minimum an Kontakt. Ich gehe selten ran, wenn er anruft, aber ich schreibe zurück. Ich lasse Grüße ausrichten, wenn ihn jemand besucht. Ein konsequenterer Mann würde ihn auch nicht an Weihnachten zum Mittagessen treffen. Aber

Freunde, deren Väter schon gestorben sind, meinen, es könne immer das letzte Weihnachten sein. Also treffen wir uns – am 26. oder 27. – und tauschen Belanglosigkeiten aus. Warum er das überhaupt will, ist mir nicht klar. Er war immer ein Bastard zu mir. Zumindest – besonders – als es drauf ankam. Wahrscheinlich gibt es einen simplen Grund: *like all rotten bastards, when they get old, they become lonely.* Es ist nicht so, dass ich Mitleid mit ihm hätte. Aber irgendetwas hält mich davon ab, den Kontakt abzubrechen. Vielleicht ist es nur das Erbe.

„Bitte nicht an den Faltenbalg lehnen", lese ich gerade zum einhundertsten Mal, gegen den Faltenbalg gedrückt. „Prière de ne pas s'appuyer contre le soufflet!", auf Französisch, mit Ausrufezeichen. Die Bahn steht immer noch still. Wenigstens wird das Motorrad gerade entfernt. Wir sind alle viel zu warm angezogen, um hier eine halbe Februarstunde festzustecken. Der Fahrer macht keine Anstalten, die Türen zu öffnen, vermutlich darf er das nicht auf halber Strecke. Während der mittelalte Mann schwer atmend zuhört, erzählt die Krebskranke weiter die Vulkansendung nach. Dass es Stämme gäbe, die bewusst an aktiven Vulkanen lebten. „Für die ist der Tod halt Teil des Lebens. Wenn es Lava regnet, soll das einfach so sein."

Immer mal wieder in meinem Leben habe ich mir gewünscht, ich hätte Krebs. Oder eine andere unheilbare Krankheit. Noch ein Jahr zu leben, am besten ohne die ganzen unangenehmen Nebeneffekte. In 365 Tagen ist Schluss, tragen Sie es sich in Ihren Kalender ein. Ein Jahr ein Freifahrtschein, endlich alles zu sagen, was ich schon immer sagen wollte. Als Kind: Vater, du bist ein prügelndes Arschloch, Mama, trenn dich von dem Arschloch, Mädchen aus der 9c, ich liebe dich. Später: Leute anrufen, mit denen ich nicht mehr spreche: „Du, ich weiß, wir reden nicht miteinander / haben lange nichts voneinander gehört, aber ich sterbe. Trinken wir einen Kaffee zusammen?" Alle müssten sie nett zu mir sein. Müssten nicht nur hören, sondern ernst nehmen, was ich sage. Ich wäre der Mittelpunkt der Aufmerksamkeit, würde alle Verflossenen, alle ehemaligen Freunde und Feinde der Reihe nach treffen, die Dinge auf einen Punkt bringen und abschließen. Akribisch meine letzten Monate durchplanen, die einzelnen Konflikte vorbereiten, durchgehen und abhaken. Ja, da war ich ein Idiot, nein, da hättest du mir besser keinen Gin Tonic ins Gesicht gekippt, ja, wir hätten glücklich zusammen sein können. Und dann: Fall erledigt. Keine offenen Fragen mehr, kein Was-wäre-wenn-ich-da-anders-gehandelt-hätte. Die Welt muss mir Rede und Antwort stehen, Terminator 2, Judgment Day.

Wenn alle Anträge bearbeitet wären, alles geklärt, was ich sonst in sechzig weiteren Lebensjahren nie geklärt hätte, könnte ich einen Haken machen. Ich mag fertige Dinge. Ich mag Statistiken wie sie *Transfermarkt.de s*ammelt:

David Fuhrmann, aktiv von 1983 bis 2018, Köln (Deutschland), 12 Länder besucht, 15 Frauen, 2 Männer, 4 Beziehungen, 4 Trennungen, 67 Freundschaften, 5 enge Freundschaften, 2 blaue Augen, 42 blaue Flecken, 2 Universitäts-Abschlüsse, 5 Jobs, 26 Tore (21 mit rechts, 4 mit links, 1 per Kopf), 8 Gedichte, 7 Träume, 5 erfüllt, 1049 Filme gesehen, 408 Bücher gelesen, 48 mal geweint, 2 mal verliebt, 2 mal verzweifelt, 52 mal geschlagen worden, 1 mal zurückgeschlagen, Rekord 29 Kölsch, 0 Kinder gezeugt, und das wär's. Er ruhte in Frieden.

Stattdessen wird sich alles immer weiter verkomplizieren, ins Unüberschaubare wachsen, ungeklärt bleiben. Mitgetragene Fragen werden zu Obsessionen, uralte Konflikte zu Depressionsimpulsen. Ich werde rätseln und rätseln und diskutieren und diskutieren, aber nie abschließen.

Der Straßenbahnfahrer macht eine Durchsage, die keiner versteht. Selbst der Frau mit der FC-Mütze scheinen inzwischen die Gesprächsthemen auszugehen. Nach einem Abstecher zu Hennes VIII. ist sie wieder bei der neuen Frisur ihres schniefenden Mannes („schick!") angekommen. Während der Dialog ins Stocken gerät, kommt die Bahn endlich wieder ins Rollen; erleichtertes Aufatmen durch erkältete Kehlen. Ich tippe die Nachricht an meinen Vater weiter, Arbeit na ja, Kölner Wetter gewohnt mies – als ich in meinem Augenwinkel etwas wahrnehme. Etwas, jemand!, der auf mich zufällt. Reflexartig weiche ich aus und sehe den mittelalten Mann an mir vorbeikippen. Er fällt einfach um. Wie ein Stein. Keine Reaktion, kein Versuch sich abzustützen, er knallt mit dem Kopf seitlich auf den Boden.

Die Menschentraube um uns herum stiebt auseinander. Stolpert übereinander, um Platz zu machen. Irgendwer zieht die Notbremse. Schon wieder bleiben wir mitten auf der Straße stehen, die Fahrgäste, die noch nichts mitbekommen haben, werden wütend. Andere verhalten sich panisch bis kopflos, einer schafft es nicht, den Notfallauslöser richtig nach unten zu drücken, die Türen öffnen sich nur einen Spalt weit. Eine junge Frau meldet dem Fahrer, da sei „ein Mann umgefallen", der antwortet: „Na, warum helfen Sie ihm dann nicht wieder auf?" Ich reagiere mechanisch, versuche den Gestürzten in die stabile Seitenlage zu bringen, so gut ich das noch in Erinnerung habe. Ich halte seine Hand und starre in sein Gesicht. Versteinert liegt er da, seinen Mund habe ich geöffnet, ein Rinnsal fließt aus seiner Aufprallwunde, in seinen Augen sehe ich: nichts. Keine Überraschung, keine Verzweiflung, nichts. Minutenlang knie ich vor ihm, bis die Notärzte eintreffen – zum zweiten Mal heute an fast derselben Stelle.

Mein Vater war ein großer wütender Mann. Ich war lange der Kleinste in meiner Klasse. „Bodenfrostmelder" nannte mich der Sportlehrer. Mit fünfzehn habe ich mir im Sportgeschäft Kurzhanteln gekauft und sie in meinem Kleiderschrank versteckt, unter den Pullovern. Jeden Morgen vor der Schule saß ich auf den Stufen in unserem Innenhof und habe trainiert. Heute gehe ich zweimal die Woche zum Jiu Jitsu. Ich erzähle nie jemandem, warum.

Irgendjemand hat es inzwischen geschafft, die Türen der Bahn aufzubekommen, die Passagiere strömen hinaus, sie haben Termine. Die Frau ohne Augenbrauen spricht zu den Notärzten, na ja, ihr Mann sei schon leicht erkältet gewesen, seien ja alle, ihm war ein bisschen schwindelig heute morgen, ein paar Rückenschmerzen, nichts Besonderes. Die Ärzte tragen den Mann in den Rettungswagen, einer stützt die Frau, ich werde nie erfahren, was aus ihnen wurde. Kurz darauf setzt die 12 sich wieder in Bewegung, bleibt nicht mehr stehen, Endstation Zollstock Südfriedhof, ich steige aus, spüre die frische kühle Luft in meinen Lungen. Die Haltestelle sieht genauso aus wie an jedem anderen Tag auch, warum auch nicht, Verspätung gibt es öfter. Der Bahnfahrer steigt mit uns aus, zündet sich eine Zigarette an. Ich gehe die Straße hinunter Richtung Zuhause, aber auf einmal kann ich es nicht mehr ertragen, dass da diese verdammte Bahn in meinem Rücken steht, ich renne, drehe mich nicht um und kneife die Augen zu, bis ich meine Haustür erreiche. Ich brauche vier Versuche, um das Schloss zu treffen.

In meiner Wohnung schaue ich auf mein Handy, wie spät es geworden ist, und sehe, dass ich die Nachricht an meinen Vater noch nicht abgeschickt habe. Ich sehe auch, dass er online ist. Der umfallende Mann und seine Frau haben eine Angst in mir ausgelöst, die ich gerade zu greifen versuche. Es ist nicht die Angst vor dem Tod, glaube ich. In seiner Gegenwart wurde ich mechanisch, funktionierte. Auch die Krebsphantasie, in der ich meinen Vater vorladen kann, ist gerade weit weg. Nein, was da in mir erwacht, ist die Angst, dass der alte Bastard stirbt, bevor ich mit ihm abrechnen kann.

Er ist immer noch online. Ich rufe an.

Während sein Handy klingelt, überlege ich, was ich ihm eigentlich sagen will. Der Rufton erklingt einmal, zweimal, dreimal … ich lege wieder auf. Lasse mich auf meine Couch fallen. Hole mir ein Bier aus dem Kühlschrank. Als mein Vater zurückruft, drücke ich ihn weg. Ich lege eine Platte auf und denke nach. Ich koche mir Abendessen und denke nach. Ich trinke noch ein Bier und denke nach. Ich setze mich an meinen Schreibtisch und beginne zu tippen.

Wäre es nicht fair, dem alten Mann eine Chance zu geben, sich zu erklären? War das Leben nicht auch hart zu ihm? Vielleicht. Aber der alte Mann war nicht fair zu mir. Das Leben war zu uns beiden hart, aber er war der Ältere. Er war der Aggressor. Ich konnte mich nicht wehren, so oft ich auch mit meinen Hanteln im Hof saß. Was, wenn er sich geändert hat? Was, wenn er bereut? Es spielt keine Rolle. Menschen ändern sich. Väter nicht.

Lange sitze ich noch an der Nachricht. Schlafe die Nacht darüber. Lese sie morgens sorgfältig durch. Mache mir Kaffee. Wir werden uns nicht wiedersehen.

AN DER BUSHALTESTELLE
Martin Baumeister

Sich selbst hatte er selten so heiter erlebt. Am Telefon musste er lachen, der Bruder, ein Unfall, er komme doch bitte zur Biegung ums Eck. „Es ist ernst", hatte die Telefonstimme gesagt, klirrend und krächzend wie rostiges Blech. Der Bruder, ein Unfall. Es ging ihm wie ein Lied durch den Kopf. Er legte auf, nachdem er betont hatte, dass seine Eltern nicht da seien. Sie arbeiten, hatte er gesagt, mindestens eine Stunde brauchen sie nach Hause, keine Sorge, ich mache das schon. Die Telefonstimme hatte trotzdem nach Nummern verlangt. Ich werde veräppelt, dachte er, als er in die dicken Stiefel stieg, sich die Windjacke überzog und vor die Tür trat. Bis zur Biegung hinter dem Hügel waren es nur wenige Minuten durch den nasskalten Herbsteinbruch. Im Sommer noch waren er und David mit den Rädern runtergejagt, fast hätte es ihn gepackt und er wäre im Graben gelandet. Danach hatten sie geraucht, er Zigaretten und David Stroh, dachte er, kurz bevor er die Biegung erreichte, von der blaues Licht in rhythmischen Intervallen zu ihm herüberschwappte.

Eine Polizistin fragte: „Tim Elsweyer?", woraufhin er nur zu nicken brauchte. Sie hob das Sperrband an und er schlüpfte durch. Vorhang auf, dachte er, und als er ihre Miene sah, prustete er fast los.

Er riss sich zusammen, probierte eine betroffene Miene, dann eine betretene und hoffte, dass sie nicht zu genau hinschaute. „Es tut mir sehr leid", sagte die Polizistin, stellte sich mit dem Namen Frau Rottstegge vor, und schüttelte ihm die Hand. Sie führte ihn vor, hin zum Krankenwagen, vor dessen Hintertür eine Bahre stand, um die sich eine Handvoll von Sanitätern befand, die jetzt nicht mehr viel zu tun hatte. Das Tuch wurde zurückgeschlagen, das Lachen kam wieder. Vor ihm lag eine Puppe. Das soll mein Bruder sein, dachte er, da hättet ihr euch aber mehr Mühe geben können. Um die Anwesenden nicht bloßzustellen, nickte Tim, bestätigte, das ist mein Bruder, Todeszeitpunkt 13:21, erfasst von einem Auto auf dem Weg aus der Schule nach Hause. „Genau", sagte er. Das Gesicht des Bruders wurde bedeckt, die Sanitäter gaben sich geschäftig. Frau Rottstegge notierte etwas in ein Notizbuch und Tim trat zur Seite, wich aus, hin zum Rand der Szene, an dem eine Bushaltestelle stand, auf deren Bank er sich neben einer Frau mittleren Alters setzte.

„Ich bin der Bruder", sagte er und die Frau erbleichte. „Tragisch, ja, ja", sagte er, mehr zu sich selbst als zu ihr, die vor sich hin starrte, „man sieht es ja nicht kommen." Sie saßen still nebeneinander. Er schaute in die Wolken, die zu einer grauen Masse verschwammen, setzte seine Kapuze auf und zog sie fest. An beiden Seiten der Bushaltestelle fehlten die Plexiglasscheiben und der Wind wehte sie heftig an. Die Frau schien das nicht zu stören. Das matte Licht der Autos, die vor der Absperrung warteten, verlor sich in der aufkommenden Dunkelheit, vor dem tristen Grün der Bäume, die die Straße säumten.

„Ich bin die Fahrerin", sagte sie. Das war Tim peinlich. „Entschuldigen Sie, ich wollte nicht ...", sagte er, wusste aber nicht, wie den Satz zu Ende führen. Die Frau saß da, dicht neben ihm, ihr strubbeliges Haar hinter die Ohren gesteckt, die Augen gerötet. Nervös fummelte sie an ihrem Schlüsselbund. Sie tat Tim leid. „Mein Bruder ist toll", sagte Tim. „Meine Eltern arbeiten viel, deswegen kümmere ich mich viel um ihn. Wir sind so", er zeigte der Frau Zeige- und Mittelfinger, verkreuzt. Die Frau sah auf, versuchte ihm in die Augen zu schauen, aber sie wandte den Blick sofort wieder ab. „David heißt er. Ich heiße Tim", sagte er und reichte der Frau seine Hand. „Eva", erwiderte sie. „Haben sie ihn gesehen?", fragte er, „Sieht überhaupt nicht aus wie mein Bruder. Ich habe überlegt, ob sie nicht eine Kopie von ihm gemacht haben, um mich reinzulegen." Das Gesicht der Frau zeigte jetzt einen Ausdruck von Schmerz, den Tim nicht einordnen konnte. „Ist natürlich nicht so", schob er hinterher, „so ein Scherz wäre ja geschmacklos. Jedenfalls, mein Bruder und ich, wir wohnen dahinten auf dem Hof, Bohnekamp 2. Mein Bruder kommt hier", er zeigte auf die Straße, auf der Frau Rottstegge in ihrem Auto bei halboffener Tür saß und ihr Funkgerät knacken ließ, „immer vorbei, auf dem Weg zur Schule und zurück. Der Anruf vorhin hat mich ganz rausgerissen, ich habe gar nicht mehr kochen können. Grünkohleintopf, hatte ich gedacht."

„Ich habe Abitur gemacht, letztens", fuhr er fort, „jetzt habe ich frei, bis meine Ausbildung anfängt, und in der Zeit mache ich ein bisschen den Haushalt." Eva versuchte zu lächeln. „Ich fange bei der Bank an", sagte er, „die liegt gleich in der Nähe von Davids Schule. Kennen Sie die? Da am Nordring?" Eva nickte und rieb sich die Hände. Ihr Fuß wippte nervös.

„Ich war auf dem Weg zu einem Termin", sagte sie, presste es heraus, „Mein Handy ist auf den Boden gefallen, ich wollte es aufheben." Evas Lippe zitterte, Tim konnte das gut erkennen. Es war das feine Zittern zweier feingeschnittener Lippen, ein feines Flügelzittern wie bei der Luzon-Dolchstichtaube, von der er letztens gelesen hatte.

„Kennen Sie die Luzon-Dolchstichtaube?", fragte er. Eva wirkte irritiert. „Sie haben mich gerade daran erinnert", sagte er, „Die Taube trägt einen roten Punkt auf der Brust, der aussieht wie eine Stichwunde. Daher der Name. Und zur Balzzeit zittert das Weibchen mit den Flügeln, genauso wie sie gerade mit den Lippen gezittert haben." Er lächelte ihr zu, war froh, sie aus ihrer Misere, sich erklären zu müssen, befreit zu haben. Sie brauchen sich nicht zu erklären, meine Liebe, niemand braucht sich zu erklären, Sie sind eine wunderschöne Taube, eine wunderschöne Taube mit einer Stichwunde auf der Brust.

„Ich bin aber nicht auf der Balz", sagte Eva. Ihre Miene sagte, dass er kaum einen unpassenderen Vergleich hätte finden können. „Natürlich sind Sie das nicht", sagte Tim und wurde verlegen. Er hoffte, dass Eva seinen Eltern nicht davon erzählen würde. Was die wohl von dem Schauspiel hier halten, fragte er sich. „Es tut mir furchtbar leid", sagte Eva. „Es muss ihnen nicht leidtun", sagte er leichthin und richtete sich auf. Frau Rottstegge schaute in seine Richtung. Er wandte sich um, Evas Augen waren zusammengekniffen, ihr Mund geöffnet, als würde sie stumm schreien. Tränen liefen über ihre Wangen.

„Ich muss dann jetzt mal", sagte er, „Der Grünkohleintopf." Er nickte zum Abschied. Dann ging er zu Frau Rottstegge. „Gibt's noch was?", fragte er. „Deine Eltern sind auf dem Weg, sie müssten in zwanzig Minuten da sein." Hinter sich hörte er ein Geräusch, als würde sich ein vakuumierter Beutel schrill mit Luft füllen. Sanitäter liefen an ihm vorbei. Frau Rottstegge lächelte ihm ermutigend zu und versuchte seine Hand zu greifen. „Dann grüßen Sie sie nett von mir und sagen Sie ihnen, dass ich das Essen vorbereite." Er ließ ihre Hand ins Leere greifen, winkte stattdessen, obwohl er noch immer vor ihr stand, einen verlegenen Moment noch, dann wandte er sich um. „Ich finde allein zurück", sagte er, einen Satz, den er schon immer einmal hatte sagen wollen.

DER HEILIGE BERNHARD
(Erinnerungsprotokoll)
Lisa Domin

- Eins muss ich dir sagen. Du weißt ja, dass ich eine besondere Macht habe. Ich bin der heilige Bernhard. Ich stehe zwischen Gott und Teufel. Wenn mir was passiert, ist es vorbei hier mit allem. Dann geht die Welt unter.
- Ja, das hast du erzählt. Also pass auf dich auf, Bernd.

Er lacht.

- Also neunzig werde ich nicht. Also in diesem Leben schaffe ich das nicht. Ich bin schon einmal neunzig geworden. Das war von 1410–1500. Eins wird anders sein, Lisa. Eins mache ich anders.
- Was denn?
- Es wird zwei Planeten geben. Und dann werden alle aufgeteilt. Männer und Frauen.
- Männer und Frauen getrennt auf zwei Planeten?
- Ja, Lisa. Das ist besser. Zwei Planeten. 51 Prozent oder 49 Prozent der Menschheit dürfen mitkommen. Meine Familie ist wichtig. Und sieben Frauen kann ich mir aussuchen. Eventuell noch drei extra. Extra wären Angela Merkel, meine alte Herbergsmutter und eine Frau aus meiner alten Firma, die hat mir mal das Leben gerettet.
- Und wann wird das sein? Bald schon?
- Ja, Lisa, bald.
- Also wenn du auch Einfluss auf das Wetter hast, ich fände es schön, wenn mal wieder die Sonne scheint.
- Da muss ich Gott aber was für anbieten.

– Ach, ist das immer so ein Tauschgeschäft mit Gott?

– Ja, haha, wenn ich etwas will, muss ich etwas bieten. So einfach geht das nicht.

– Ich mache mir Sorgen wegen Trump. Hast du den im Griff, Bernd?

– Ach der, da machst du dir Sorgen? Bei Donald? Das ist Donald, den kennst du doch auch noch von früher. Donald. Donald Duck. Kennst du doch auch noch, oder? Habe ich immer sehr gerne gelesen. Bei dem brauchst du dir nicht so viele Gedanken machen. Der macht nicht alles, was er sagt. Ach siehst du, jetzt springt der Kühlschrank wieder an. Das macht er immer, wenn ich die Wahrheit sage.

– Pandabären!

– Pandabären?

– Ja, Lisa. Der Bär ist mein Tier. Hier, warte. Ich zeig's dir. Nicht, dass du denkst, dass ich mir das ausdenke.

Bernd blättert eine Weile in dem Collageblock, der vor ihm auf dem Tisch liegt. Seitenweise Listen. Sieht nach langen Einkaufslisten aus, nach Datum geordnet. Ganz hinten im Block ein Sammelsurium ausgeschnittener Todesanzeigen, Prospektseiten, Supermarktangebote. Darunter auch eine Karte in Cellophan. Bernd reicht sie mir über den quadratischen Tisch. Es ist eine Namenskarte mit einem Bild von einem Braunbären. Ich kann nur einen kurzen Blick darauf werfen und lese „mit dem es Gott gut meint …" und „stark wie ein Bär". Mir ist diese Namensverwandtschaft nie zuvor in den Sinn gekommen.

– Siehst du?

Ich bin immer noch etwas überrumpelt.

– Ich heiße ja auch Bruno.

– Du heißt Bruno, Bernd? Mit zweitem Vornamen oder wie? Das wusste ich ja gar nicht!

– Ja siehst du, Lisa. Also wenn du in Berlin bist, geh doch bitte zu den Pandabären in den Berliner Zoo. Die sind etwas ganz Besonderes. Waren ein Geschenk an Angela Merkel. Mit Angela habe ich übrigens lange zusammengearbeitet.

– Ok. Aber was soll ich dann genau machen? Grüße ausrichten von dir? Kannst du das nicht von hier aus telepathisch machen?

Er lacht.

– Ja. Die spüren das dann schon. Tiere spüren das.

– Kannst du mir erklären, wie das geht mit der Telepathie?

– Na, das ist genauso wie mit den Radiowellen, UKW und so. Die siehst du ja auch nicht und sie sind überall … Kein Tag ist schön. Es ist immer sehr viel Arbeit. Und den Trump zum Beispiel. Den mochte ich ja am Anfang.

– Was?!

– Aber das mit Jerusalem, das war nicht gut. Es ist immer alles sehr viel, Lisa. Da ist es schon schön, dass ich zumindest gerne arbeite.

– Ja, wenn man seine Arbeit nicht gerne macht, kann man auch richtig dran kaputt gehen.

– Ja, haha, dran kaputt gehen. Das stimmt. Das ist dann so wie Burnout. Du arbeitest aber auch gerne, oder Lisa?

– Ja, das tue ich.

Bernd guckt aus dem Fenster über den Lieferantenzugang des Altenheims zum Waldrand rüber.

– Einmal sind Rehe bis hier runter an den Zaun gekommen. Ich mag Tiere sehr.

– Ich mag Tiere auch sehr.

– Irene weiß das mit Angela. Von unserer Zusammenarbeit. Und auch mit der Telepathie. Sie hat mir hier – guck mal, das Kissen da auf dem Bett – das hat sie mir mitgebracht, weil ich sie über Telepathie darum gebeten habe … Kleine Kinder sind ja noch ganz süß. Aber wenn die dann größer werden … Hattest du das auch, Lisa? Dass du dann irgendwann immer Recht haben wolltest?

Ich lache.

> – Ja. Aber ich glaube das haben alle Kinder. Hattest du das
> nicht?
> – Nein.

Ich gehe die Rampe zum Gebäudekomplex runter, Hanglage. Sou-
terrain ist mir immer etwas unangenehm. Die Eingangstür mit
Klinke öffnet sich automatisch, als ich auf sie zugehe. Wie für Menschen ohne Arme. Links den Flur entlang. An den Zimmern stehen
Namen wie im Krankenhaus. Stehen an Krankenhauszimmern
überhaupt Namen? Ich bin vor seiner Tür. Kein Mensch zu sehen.
Leise höre ich von innen seine Stimme und noch leiser eine Frau
sprechen. Ich klopfe.

> – Bernd?

Ich klopfe noch einmal, lauter. Er schließt von innen auf, ohne die
Tür zu öffnen. Ich mache sie langsam auf und gehe rein. Sehe ihn
im Raum stehen, barfuß. Das Radio läuft. Er wendet den Blick davon ab und guckt zu mir rüber.

> – Ah, Lisa.
> – Hallo, Bernd.
> – Komm rein. Ich weiß gar nicht, ob du weißt, dass ich auch
> mit dem Radio sprechen kann?
> – Oh echt? Nein, das wusste ich nicht. Ich dachte, das geht nur
> mit dem Fernseher.
> – Nein, nein.

Er macht das Radio aus. Im Zimmer stehen ein Bett, ein Nachttisch,
ein Holztisch, zwei Stühle, ein Mini-Kühlschrank, ein Schränkchen
mit einem Fernseher und ein Regal mit einem Radio. Wir setzen
uns an den Tisch und ich überreiche das Sauerkraut mit den
Weißwürsten in der Tupperdose. Die Luft ist so frisch wie noch
nie. Das Fenster muss den ganzen Morgen geöffnet gewesen sein.

> – Ja, über das Radio habe ich Kontakt zu den Amerikanerinnen!
> – Welchen Amerikanerinnen?
> – Ja, nicht zu allen Amerikanerinnen. Nur zu ein paar. Zu Sän-

gerinnen, weißt du. Rihanna, Pink und so. Da sorge ich jetzt auch für ein paar neue Stimmbänder, weißt du?

– Na, für alle wär ja wahrscheinlich auch etwas schwierig, ne.
Er lacht.

– Ja, es gibt mehr als 300 Millionen Amerikaner und über die Hälfte sind Frauen.

– Ja, aus irgendeinem Grund gibt es immer etwas mehr Frauen als Männer.

Jedes Mal, wenn ich Bernd besuche, sitzen wir einander gegenüber am Tisch und reden. Da er kein Telefon hat, machen wir im Voraus einen Tag aus, an dem ich komme. Trotzdem habe ich immer kurz davor das Gefühl, unangemeldet zu erscheinen.

– Es ist schwer für mich, Lisa. Weißt du, ich stehe zwischen Gott und Teufel.

– Wie ist das denn für dich? Musst du versuchen, eine Art Gleichgewicht zu schaffen?

– Nein, nicht zwischen Gott und Teufel. Gleichgewicht muss ich versuchen, in der Weltpolitik zu schaffen.

– Letztes Mal hast du gesagt, Angelas Zeit wäre langsam abgelaufen.

– Ja, ich habe jetzt zur SPD gewechselt. Ich muss mich um das Soziale kümmern. Es hat auch eine Sternenexplosion gegeben wegen mir. Es wird zwei Planeten geben, Lisa. Das habe ich letztes Mal schon erzählt, oder? Einen nur für Frauen und einen nur für Männer.

– Ja, hast du. Das finde ich aber gar nicht so gut, Bernd.

– Ich kann sieben Frauen mitnehmen. Tante Maria, Tante Inge, die Ticktack-Oma, Irene, Oma, eine Pflegerin aus Afrika … Wenn du willst, kannst du eventuell auch noch mit.

– Ja, wäre wahrscheinlich nicht schlecht mitzukommen … also, aber entweder nur mit Frauen oder nur mit Männern? Ich weiß nicht, was besser wäre.

– Ich sag dir, auf dem Frauenplaneten herrscht Chaos!

- Warum das denn?
- Sie sind egozentrisch, schizophren und lassen nichts Gutes am Gegenüber.
- Oh Gott. Meinst du wirklich alle Frauen sind so??
- Ja, alle Frauen sind schizophren.
- Du meinst ALLE Frauen sind schizophren? Das glaube ich nicht.
- Doch, Lisa. Ich kenne mich damit aus. Ich war auch mal schizophren. Das ist, wenn man nicht in der Gegenwart lebt. Du bist an einem Ort, aber mit deinen Gedanken bist du ganz woanders. Musst du schnell alt werden, Lisa. Dann lernst du die Welt kennen.

Bevor ich mich verabschiede, erklärt mir Bernd genau, was ich das nächste Mal einkaufen soll. Er überreicht mir eine Lebensmittelliste, die nicht sehr lang ist, aber fast alles soll ich gleich 5 × oder 10 × kaufen.

- Bei meinem Studium in Köln mache ich so ein Seminar zum Thema Realität.
- Ooooh! Ahh ja. In Köln da bauen sie gerade einen Hubschrauberlandeplatz.
- Was echt?
- Und die Oper wird auch nicht fertig. Ich habe übrigens Rückmeldung bekommen. Gerade als du bei Aldi warst. In der Innenstadt wird es schwierig. Du musst versuchen, außerhalb eine Wohnung zu finden. Und dann mit der Bahn reinfahren. In diesen Stadtteilen … (Bernd nennt blitzschnell drei Stadtteile, die ich nicht kenne und mir nicht merken kann) … hast du gute Chancen.
- Danke, Bernd, das ist wirklich gut zu wissen. Ich hoffe, ich finde bald was.
- Weißt du, Lisa. Ich lebe in der fünften Dimension. Jesus war in noch höheren Dimensionen.
- Ja?
- Ja klar. Was denkst du denn?

– Was sind das für Dimensionen?

– Fünf Dimensionen. Ihr lebt alle nur in drei Dimensionen. Die vierte ist die Zeit. Die fünfte die Verbindung mit allem Lebenden und den Tieren.

– Seit wann ist das so bei dir, Bernd?

– Früher war ich heilig. Der heilige Bernhard.

– Ach, kann das wieder weggehen? Bist du jetzt nicht mehr heilig?

– 2012, da gab es einen Quantensprung auf der Erde. Das habt ihr alle gar nicht gemerkt, ne? Seitdem habe ich diese neuen Fähigkeiten. Davor hatte ich die nicht. Davor habe ich einfach nur versucht, die ganze negative Energie mit den Beinen abzufangen. Stell dir das mal vor! Alles mit meinen Beinen. Die waren dann auch total geschwollen die ganze Zeit. Das ist jetzt zum Glück wieder besser. Jetzt mache ich die Arbeit mit dem Kopf. Damals habe ich noch so 300–400 Stunden im Monat gearbeitet. Jetzt mache ich nur noch 20 Stunden in der Woche. Jetzt ist nicht mehr alles Arbeit. Wenn die Nachrichten kommen bei WDR2 zum Beispiel, das höre ich gerne, dann muss ich natürlich Stellung beziehen. Aber dann kommt wieder Musik, das ist meistens keine Arbeit. Ich habe nicht nur eine Schwester, ich habe auch einen Bruder. Andreas Bourani.

– Kenne ich leider nicht. Ist das ein Schlagersänger?

– Hm.

– Singt der auf Deutsch?

– Ja. Fast alle Lieder werden für mich gesungen. Sarah Connor zum Beispiel singt auch über mich. Und fürs Wetter bin ich auch zuständig. Für acht Jahre insgesamt. Fünf habe ich schon rum, also jetzt noch drei. Und die Lottozahlen kenne ich auch, wenn ich mich ganz doll konzentriere.

– Echt? Super! Seit wann das denn? Dann komme ich jetzt aber noch öfter vorbei, Bernd.

Wir lachen beide.

- Wir können eine Comedy-Sendung zusammen machen, Bernd.
- Ja! Das kann ich gut. Ich mache sowieso immer Comedy, wenn Werbung ist bei WDR2.
- Perfekt, dann hast du ja schon Übung.
- Humor hab ich, Lisa.
- Ja, ich weiß.
- Frauen sind gut im Kabarett. In Comedy nicht so sehr. Aber ich will unerkannt bleiben, Lisa. Keine Kamera. Ich verschwinde einfach irgendwann und dann weißt du ja, was dann los ist. Wenn ich sterbe, geht die Welt unter. Also nicht das nächste Mal mit einem Filmteam vom WDR hier vor der Tür stehen, ne!
- Nein, Bernd, keine Sorge. Wenn, dann komme ich alleine mit der Kamera.
- Aha!

Wir lachen beide.

- Und wenn ich Weltpolitik mache, dann mache ich das immer auf Deutsch. Irgendwie funktioniert das immer.
- Praktisch.
- Ja, irgendeiner von den Erzengeln wird es ja wohl draufhaben in sämtliche Sprachen der Welt zu übersetzen, oder? Ich habe allerdings auch Defizite, Lisa. Ich bin nicht lange zur Schule gegangen, weißt du. Mein Englisch ist sehr schlecht. Aber irgendwie verstehen die mich alle. Immer. Zum Glück.

KASKADEN
Rike Hoppe

Eine junge Frau befriedigt sich im Nichtschwimmerbecken heimlich selbst. Um halb 8 abends und nur noch die übergewichtigen Bademeister in 200metriger Entfernung. Das Licht ist orange.

Eine Laterne geht flackernd in einem frühlingsblühenden Baum an, in der Dämmerung.

Alle werden nicht genug zurück geliebt. Niemand kümmert sich um uns.

Der Lamettavorhang aus P.s Arbeitszimmer wirft nervöse Wasser-reflexionen auf seine Tür. Dass das eine Zimmer sehr hell ist und das andere dunkel. Und wenn man das Fenster aufmacht, riecht es so doll nach frischer Luft.

Ein weicher Mann sitzt mit einem Namensschild auf Brusthöhe seines Anzugs auf einem Sockel draußen und macht zu früh Pause.

Ein Paar lässt sich vor einer Fototapete fotografieren, auf der Palmen abgedruckt sind und eine Karibikinsel. Sie bleiben 2 Jahre zusammen.

Auf das Immer-Wieder-Alleinsein Zurück-Geworfen-Sein kann ich mich verlassen.

Ich will nie wieder Werbung.

Midlife crisis whe|
midlife crisis when **will it end**
midlife crisis when **does it end**
midlife crisis when
midlife crisis when **young**

Stellst dich in den Sturm und schreist.

Hör auf, verstanden werden zu wollen.

In der Bahn: Es geht etwas kaputt und die Menschen beginnen langsam, die Oberbekleidung auszuziehen.

Ein LKW liegt quer: Nach einer Weile öffnet eine Herde auf einer deutschen Autobahn tröpfchenweise die Türen und tritt auf den Asphalt. Wie Rehe. Neuer Waldabschnitt. Wie junge Rehe.

Die utopischen Momente im Alltag verstärken.

Vorstellbar: In meinem Zimmer nistet sich ein Schwarm Schwalben ein, der unter der Decke kreist zur Mittagszeit.

Das Schlimmste ist, im Stau in eine Richtung stehen, in die man gar nicht wirklich will.

Juli. „Meine Beine kleben so, ich kriege meine Hose nicht an."
Aus der Nebenkabine singt jemand melancholisch: „First World Problems".

Nachts im Bett in der Dunkelheit: Kannst du dir vorstellen, schwarze Haut zu haben?

Ich stehe auf der Terrasse und halte einen Besen in der Hand.

Sabine sieht mich über den Gartenzaun und erzählt, dass sie heute erst ein Brötchen gegessen hat, dass der Sohn umzieht nach Benrad und sie die Einbauküche behalten würden, dass er gerade noch drüben sei, heute Abend werde gegrillt, und sie jetzt dringend etwas essen müsse und etwas vorbereiten, [...]. Sie erzählt mir das ohne eine Pause im Gesicht, dass ich fast vor Scham vor der fremden Frau wegschauen muss, mit der ich mich nicht verbinde.

Mitleid ist eines der ekligsten Gefühle.

Ich sehe einem 12-Jährigen dabei zu, wie er nachmittags versunken ein aufgespartes Pausenbrot mit Salami und Salat isst an einer Kreuzung. Er trägt einen Schlüsselanhänger um den Hals und hat noch keine Haare an den Waden, er trägt Knickerbocker. Als er merkt, dass ich ihn anstarre, versucht er, selbst sein verstohlenes Wegdrehen unauffällig wie irgendwo einen fertigen Kaugummi fallen zu lassen. Ich bin müde genug, um den Moment des haltlosen Anschauens rücksichtslos weiter zu dehnen.

Bis in die Unendlichkeit, was heißt das.

Im Hintergrund die Plakatwerbung einer vergangenen Monster-truck-Show am 15.6.2017 in Rösrath.

I am so gl
I am so g**lad i am a woman**
I am so g**reat**
I am so g**raceful**
I am so g**lad i live in a world where there are octobers**

Sabine hört Hiphop im Garten, während sie Bonsais umtopft.

An anstrengenden Tagen stelle ich mir vor:
Ich gehe durch eine Fußgängerzone und auf einmal reißt mich ein

Leopard oder ein Panther von der Seite aus kommend. Er schießt einmal quer von irgendwoher rechts in meinen geraden Gang, ich strauchle und ergebe mich. Ich versuche keine Fluchtmanöver, denn es ist ein ungleicher Kampf, so wie es die Natur vorsieht. Passanten schauen irritiert, teilweise weichen sie aus oder traben in leichtfüßigen Schritten davon. Im Allgemeinen geht das Tagesgeschäft betriebsam weiter.

In einem Versicherungsladen ein eingesperrtes Kind, schaltet die Lampen an und aus und schaut aus dem Geschäft heraus. Es setzt sich hin. Es steht wieder auf. Es hält aufmerksam eine kleine Eisbecherpalme und dreht den Holzstab so schnell zwischen Daumen und Zeigefinger, dass der Schirm fliegt wie ein Kolibri.

Beste Momente:
Verreisen
Alles absagen
Tiere beobachten
Fröhliches Kapitulieren

Die Ernsthaftigkeit von Kindern.

Heute wünsche ich an einem Montagmorgen einer Beamtin, die bei mir im direkten Telefonkontakt bis jetzt immer Angst und Scham ausgelöst hat, ein schönes Wochenende per Email.

Meine Arbeit verfolgt mich in meine Träume.

Es fällt mir auf nach meinem Mittagsschlaf, als ich durch das Treppenhaus gehe und mich frage, was für ein Tag heute eigentlich wirklich ist.

Mein Rucksack ist zu schwer.

Was ist zu viel|
Was ist zu viel **alkohol**
Was ist zu viel **schlaf**
Was ist zu viel **kaffee**
Was ist zu viel **eiweiß**
Was ist zu viel **für einen genug für zwei aber nichts für drei**

Eine Motte unter einer Tasse deckeln und sich nicht entschließen, sie zu töten, aber auch nicht zu befreien. Mehrere Tage lang überlegen.

Auf der Autobahn wird ein rotes Kreuz über dem Ortsschild Hannover befestigt.

Gefühlte Bedrohung.

Eine Kuhherde sonnt sich in der untergehenden Abendsonne vor einem Atomkraftwerk.

Nachts aufs Klo tapsen.
Blick an Decke, Rauchmelder blinkt still.

Pinguine an der Antarktis bilden einen fluiden Pinguinkreis aus 100en von Pinguinkörpern, die sich gegenseitig umfließen, um im Inneren den Kern warm zu halten. Zwischenzeitlich kann es im Inneren des Kerns so warm werden, dass einige Tiere überhitzen.

Den Deckel über der Motte lüften und verblüfft sein, wie sie in kurzer Zeit so vertrocknen konnte.

Ein Ballon an einer Leine hüpft wie ein naives Kind über eine Kreuzung vor einen LKW und es ist ihm so angenehm egal.

Das Auto vom Ordnungsamt direkt am großen Fluss bei 25km/h, in der Morgensonne, die auf der Windschutzscheibe reflektiert, hat etwas tief verstörend Romantisches.

I want t|
I want to **break free**
I want to **hold your hand**
I want to **get away**
I want to **ride my bicycle**

Ein junger Apotheker erzählt um 4 Uhr morgens von den Methadon-leichen, die jeden Morgen um 8 vor seinem Laden liegen und wie er über sie herüber steigt. Ich bin so besoffen, dass ich ihn küssen möchte.

Ein junges Liebespaar gähnt gleichzeitig.

Ein 48-Jähriger rast in eine muslimische Menschenmenge irgendwo in London.

Meinem Vater wird klar, dass er der Älteste ist auf einem Familienfest.

„Es soll sich um einen weißen Mann gehandelt haben."

Ich und mein Vater haben Angst um meinen Vater.

Ich und mein Vater denken an den Tod meines Vaters. Wir sitzen draußen auf einer Veranda auf Plastikstühlen und neben uns feuchte Handtücher und Badehosen vom Nachmittag.

In einem Onlineforum schreibt einer: Ich habe ABGST. Er hat sich verschrieben.

Eine Motte flackert mit den Flügeln (Restflackern). Sie hat festgeklebte Füße. Mit einem Cuttermesser interveniere ich und begleite sie so schnell es geht in den Tod.

Heute folge ich Senioren, die vor dem Jobcenter einen Aufstand machen, weil ihnen die Sozialarbeitenden gestrichen wurden. Sie kommen in gleißendem 16-Uhr-Licht von ferne mit ihren Gehhilfen auf mich zu. Das ist vielleicht die langsamste Demo. Als die Menschen mit ihren Maschinen von drei Treppenstufen ausgebremst werden, transportieren jüngere sie vorsichtig kippelnd nach oben. Die Gruppe aus Altgewordenen ruft auf Anweisung der Leitung laut „Hilfe, Hilfe", wie in einem Schultheaterstück, wenn eine Demo inszeniert wird. Sie schreien nicht, eher ist es ein weiches Zittern. Ich bin zu nah am Wasser gebaut. Andere stehen irritiert im Hintergrund oder mit dem Handy.

Man hilft, denen man sich zugehörig fühlt.

Ich bin ein Demonstrationstourist.

Man hilft, denen man sich zugehörig fühlt.

?

Die Gründung der Arbeitsgemeinschaft AG Aufstand im Alter steht bevor.

PS:

Ich wache auf und kann nicht mehr einschlafen, ich muss heulen unter der Bettdecke, teilweise auch außerhalb.

Alle lieben nicht genug zurück. Ich kümmer mich nicht um sie.

Ich weiß nicht, woher meine Wunde kommt.

Ich bin nicht das Zentrum des Universums.

Ich wünsche mir eine Kaskade aus Freundlichkeit.

Eine Kaskade ist ein künstlich angelegter Wasserfall in Form von Stufen.

PROFESSOR SHITTY FUNK – GENESIS
Maximilian Hurlebaus & Katharina Singh

Matthäus von Kork – so lautet nach aktueller Bekanntgabe der bürgerliche Name PROFESSOR SHITTY FUNKs, des führenden Beat-Schmieds des einundzwanzigsten Jahrhunderts und Gründers der Mitteleuropäischen Juicy Producer Gilde – gewährt exklusiv und erstmalig Einblicke in sein Privatleben. Welcher Typ steckt hinter der silber-grünen Maskerade, der Massen von jungen Leuten auf der ganzen Welt mit pulsierenden Rhythmen in seinen Bann zieht und aus den Charts der letzten fünf Monate nicht mehr wegzudenken ist?

1

Matthäus von Kork trägt eine venezuelanische Schnabelmaske und posiert im Professor-Kostüm vorm Spiegel. Heute ist vielleicht sein großer Tag.

Da klopft es an der Türe. Ohne auf Antwort zu warten, tritt ein kleiner, alter Mann mit schütterem Haar ein. Er trägt einen hellgrünen Tüllumhang und auf seinem Rücken sind mit kleinen Spiegelkacheln die Buchstaben „P S F" und darunter „favourite staff member" angebracht.

„Was gibt's, Madame Elvis?"

„Es gibt ein Problem mit dem Beat-Generator – der Algenrythmus spinnt!"

Matthäus fährt erschrocken herum und stößt dabei mit dem Kopf an die Diskokugel, die irgendein Idiot viel zu tief aufgehängt hat. Das Zimmer, seit längerem durch die alten Holzjalousien verdunkelt, von einer einzelnen nackten Glühbirne spärlich beleuchtet, ist das geheime Herzstück seines Anwesens. Hier ist es anders, als in den vielen weiteren Räumen des Schlosses. Hier sammelt sich der Staub auf dem jahrealten Konfetti, das auf dem Boden zerstreut liegt. Farbspritzer an Wänden und Decke, kompliziert anmutende mechanische Strukturen mit Glocken und Fellen und die unzählbare Menge an Notenblättern, die mit Rotwein an jegliche Oberfläche geklebt worden sind, zeugen von einem verborgenen, wilden und exzessiven Matthäus, von dem es erst jetzt ungefilterte Eindrücke gibt. Unter der kränklichen, nervösen Fassade Matthäus' steckt eine tickende Partybombe, ein Producer-de-Luxe, ein Elektro-Genie: The Professor of Shitty Funk.

„Aber den brauch ich jetzt, ich dachte, der wäre längst in die Kutsche verladen worden sein!"

„Es tut mir so leid!", sagt der Madame unterwürfig.

„Schon gut, schon gut … ich traue diesem modernen Gear sowieso nicht. Wenn ich doch nur wüsste, was ich stattdessen zu dem geheimnisvollen Kaffee-&Kuchen-Bewerbungsbriefing der Europäischen Synthwavesinfonikeradelstitelvergabestelle an Instrumentarium mitnehme, um ihre Herzen mit meinen Beats zu gewinnen?"

Blatthäus schaut verzweifelt an die Decke.

„Wenn ich einen Vorschlag machen dürfte, El Grande Compósiteur …!"

„Hmmmm … na gut!"

2

„Liebe Friendgemeinde! Heute bin ich sad gemacht worden. Sad und angry. Die music war immer die Kirsche auf der Sahne, die mein Leben ist. Doch habe ich sie nie nur für mich gemacht. Sondern für alles und jede. Und jetzt wollen mir diese fiesen Oktopusse von der @EuropaeischeSynthwavesinfonikeradelstitelvergabestelle weiß machen, ich hätte nicht das Zeug zum Synthesizer Sultan

2021 … dabei wissen die doch noch gar nicht, was dann in den Charts sein wird! Ich sag euch, wer es dann ist: Namely I! I, the Professor! Ich zeig es euch allen! I branch it you all."

Schnatthäus betätigt die Enter-Taste mit der Spitze seiner Schnabelmaske durch ein frustriert-triumphierendes Nicken. Er schaut vom Bildschirm auf und lässt einen tiefen Seufzer los. Dieser Tag hatte ihn emotional betrogen. Mit wässrigen Augen und verlaufener Schminke hatte er im rumpeligen Bus nach Hause gesessen, (nachdem der Kutscher hungrig die Geduld und das Mitleid mit seinem Arbeitgeber verloren hatte), barfüßig und voll erschütternder Selbstenttäuschung. Sechseinhalb Stunden lang wurde er geprüft, musste er kompositorische Rätsel lösen, sich durch das lydische Labyrinth transponieren, tritonale und bilinguale Rachengesänge improvisieren … Gestern ging es ihm doch noch so blendend. Ihm war die Chance zur Titelvergabe so unverhofft und ungerechtfertigt zugeflogen, es hatte ihm so sehr geschmeichelt. Endlich hatte er sich anerkannt gefühlt. Und jetzt das bittere, dissonante Getöse der Wirklichkeit. Er hebt den Kopf. Er braucht Aufmunterung. Er zieht ein Buch aus dem Schreibtisch und schlägt unwillkürlich eine Seite auf. Ein Kichern erhellt kurz und schlagartig wie ein Blitz seine finstre Miene. Er schlägt das Buch entschlossen wieder zu und pfeffert es über die Schulter. Ein Blick auf das Buchcover: „PRINT MEMES". Nun wieder am Fenster streicht er mit zärtlichen Fingern über den Rahmen eines Gemäldes. Leider können wir nicht sehen, wer oder was dort abgebildet ist. Der traurige Lord schmunzelt nun, dann lässt er mit einem hohen Schluchzgeräusch den Kopf in den Nacken fallen und fällt in Ohnmacht. Die Welt wird schwarz.

„Mon Capitan!", hört er die besorgte Stimme von Madame Elvis sagen. „Bitte wacht auf!" Madames krumme Finger, die in einem Paar goldener Aluminiumhandschuhe stecken, pieken an dem royalen Körper seines Herren herum. „Schon gut, beruhig dich doch!", sagt Matthäus beschwichtigend, wohlwissend, welche Zuneigung ihm der Madame entgegen bringt, fängt sich dann direkt, rappelt sich auf und keucht: „Ich hatte gerade eine Nah-Hit-Erfahrung … da war dieser unglaubliche Bratschen-Sound … und tausend Lichter, überall! Als wäre ich in meinem Disco-Prisma." Der Madame schüttelt vor Staunen leicht mit dem Kopf und reißt die Augen weit auf. „Sie müssen vorsichtiger sein, eure Funk-estät, sie wären dieses Mal fast auf den Prehensio-Oszillator gestürzt." Matthäus aber hört nicht zu, er ist eifrig dabei, an dem Gerät, neben welchem er zu sich gekommen ist, verschiedene Stecker und winzige Rädchen zu justieren, rennt hektisch zum Wandschrank, vergisst, was er dort wollte, stolpert über seine Füße zurück zum Kurbel-Oszillator, entknotet mit einem festen Reißen das 624-polige Verbindungskabel zur Mother&Master SF-625 Synchronization Fascility und klappt den abgegriffenen AN/AUS-Schalter nach oben. Die Kontrolleuchte bleibt aus, alles bleibt still. Ungeduldig schaltet Matthäus das Gerät wieder aus – ein – aus – ein – aus – ein – aus. Sein Blick wandert von dem handgestrickten Versorgungsschlauch vom hinteren Teil des Apparatus entlang bis zu dem unschönen Loch in der Wand, in dem der Schlauch verschwindet.

„Wieso funktioniert hier eigentlich gar nix?! Immer is irgendwas!" Madame hält sich scheu konditioniert die kurzen faltigen Arme schützend über den grauen Kopf. Doch Matthäus scheint nicht wütend auf ihn trotz der mangelnden Wartung seiner Instrumente, sondern zieht sich entschlossen seine am oberen Rand silbrig funkelnden, ansonsten mit Dreck zugesauten Gummistiefel an. „Ich geh in den Stall, bestimmt ist die Ansaugpumpe wieder verstopft. Wenn ich wieder da bin, will ich einen lauwarmen Grog á la Corque und ein großes Stück Marillentarte!!" Mit großen Schritten durchquert er den Raum in Richtung Ausgang und murmelt „wooobb", schließt die Tür geräuschvoll hinter sich, um sie sogleich entschuldigend leise und vorsichtig wieder zu öffnen und in den Raum zurückzuschielen. „Und bereite sofort eine Transkription vor! Es darf kein Fünkchen meines Feuers verglühen, wenn ich gleich zu Werke schreite! In mir brodelt es bereits so sehr! Gleich bin ich zurück!".

Ein paar Sekunden später hört man dumpf durch die Tür und von den Gängen verhallt den Matjes singen: „Ich bin ein Feuermensch!"

Im Straußenstall

Während er mit dem eigens dafür bereitgelegten dekorativen Silberlöffel, einem der vielen Erbstücke seiner Urgroßtante, den Vogeldreck aus dem Filter der Konverterpumpe löffelt, summt er unbestimmt und versucht in verschwenderisch gedankenloser Anstrengung, sich an den Beat aus seiner Vision zu erinnern. Doch alles, was ihm davon geblieben ist, ist ein dröhnender Grundton in unbestimmter Höhe und ein betörendes Scheppern in einem Rhythmus, den man sich nicht merken kann. „Merde", knurrt Monsieur Carotte. Der Löffel fällt ihm durch die Finger in den schwarzbraunen Tümpel, in dem er schienbeintief steht. Es ist inzwischen lange her, dass er einen neuen Track gedroppt hat. „Höhö, droppen", hebt er den Löffel wieder auf. Er ist leicht von jeder neuen Situation und neuen Gedanken abgelenkt, doch die Konverterpumpe ist nun saubergelöffelt. „Fatal", denkt Tadeus, „dass ich Madame Elvis nie dazu bewegen konnte, diesen schmierigsten, schwierigsten aller Dienste zu verrichten!". Mit schmatzenden Geräuschen stapft er zurück zum Haupthaus zwischen Misthaufen und Getier entlang, die so gar nicht zu seinem königlichen Gemüt passen. Er besieht sich den Hof seines Anwesens. Er wünscht sich dort tanzende Massen von jungen Frauen und neidischen Buben. Man könne von ihm lernen, denkt er sich. Doch fernab dieses stillen Moments der matteus'schen Psyche ertönt ferner der Schrei eines Vogels. Ist es eines von seinen selbstgezüchteten Straußenkindern? „Nicht doch!" Malestus schmunzelt über sein eigenes Vertun. Eine weiße Taube setzt sich auf seiner Schulter nieder. Freundlich schaut Tadeus sie an. Ein USB-Stick klemmt in ihrem Schnabel. „Och, du armes kleines …" Er befreit den Täubling von dem kantigen Datenträger. Bedächtig wendet Le Profusier den futuristischen Diskettenersatz in den spitzen Fingern. Darauf ist eine Botschaft eingelasert:

Wer tänzelt doch ach so fröhlich
Wer leuchtet da hell droben so fein
im All, auf Ärd', singed beschwingt,
Frolokke und jauchz' Sohn von Ringelrein
Hound oder Tecnoswyne,
deyn Schycksal ist besudelt

Ist dir die Mayd so hold wie die Kunsd
besteht sonder Sehnsucht keyne Lust
zähm den Poebl dir zu dyner Gunst
einen Hyt Du landen mussd

Dôch halt – gebt acht
Denn neun Schaedel hat der Draco
Fratzen hat er auch, nicht Musen
So lass die Machina dir die Lyra seyn
die schmust an deinem syßen Busen

G'schwynd, eyle nur –
das Pendulum erlahmt
und der Rychter die Sänse schleyft
Der heilig Quell ereilt dyn Schlund
bevor der eis'ge Wyntaer bringt die shllyme Kund'

Nyhm diese volle Rebe
Ein Fuehllhôrn
Meyn Erguss
Als deines an
Du DANCENARR
Bevor du scheytern musstd

Damit Nathäus geht nach Hause.

3

Ein beiger Volvo fährt knirschend und trötend durch das Wetter. Nathanaleus von Kork nennt seinen Wagen ehrfürchtig den „alten General", da dieser immer sehr grimmig knurrt, wenn man den Anlasser anwirft. Genauso wie sein Vater, von dem er die Karre geerbt hatte und der auch General gewesen war. „<u>Und</u> Komponist!", sagt MvK sehr laut, obwohl er keinen Mitfahrer hat. Eigentlich war sein Vater von der Komponistenschule geflogen, aber das verheimlichte er. Er zieht eine Grimasse beim Gedanken an sein Reiseziel. „M U T T E R", donnert es durch seinen Schädel. „Die Wäsche is hinten drin." Schließlich soll das Rüschenhemd ordentlich gemangelt werden. Nicht so wie Madame Elvis es zu mangeln pflegt. Lachend und liebevoll schüttelt er den Kopf beim Gedanken an ihn. Egal. „Mama, ich komme", denkt er und rast weiter in den Horizont. Zur Gräphin van Kouorg ist es nur elf mal „Glitzermädchen" hören. Die Kassette setzt hin und wieder leiernd aus, und das statische Trommeln flattert im Windschatten des Cabrios den Serpentinen hinterher. „Vielleicht kann Fräulein Mutter meinen writer's block wegzaubern. „Ein besonders fleischiger Breakdown kommt auf dem Mixtape angelaufen, als die verchromten Reifen seines Vehikels quietschend den Kies in der Einfahrt aufwühlen.

„Sohnemann", schnattert die Alte.

„Ja, Fräulein Mamà?"

„Wat bisse blaß?"

„Muttee, das nennt man vornehme Blässe. Hast du mir nicht immer zu Manierlichkeit und Etikette geraten? Ich bin doch kein Teknoswyne! Außerdem arbeite ich gerade ganz viel an neuen Sachen."

Er korrigiert sich. „Projekte!", sagt er selbstbewusst. „Partituren gar". „Mama", fügt er nachdrücklich hinzu, „du bist die Einzige, die mich noch retten kann".

Sie geht zur großen Anrichte des Salons und kramt in den Schubladen. Sie holt ein kleines vergilbtes Notizbuch heraus und säuselt andächtig: „Das hier hat deinem Vater jehört - bevor er zur Komponistenschule gink. Und sein Spiritus noch rhyne und fresh war. Nimm es und möge es dir zur künstlerischen Extase verhelfen." Sie reicht ihm das Buch. Es riecht muffig, nach Tosca, nach Rentnern, nach Terrakotta, nach „ALT", denkt Matthäus. „Einfach nur alt." Er schlägt das Buch auf. Eine Widmung steht da herrinnen. „Von mir for me." Matthäus weiß, dass er einen großen Schatz in den Händen hält und weint. Er schlägt die erste Seite auf:

Die Whyseheiten des Componiermeistertums

von MAGNUS MARIA MALEFICUS EFGHENY VON COARQUE

Inhalt

I
Ein Akkordwechsel kommt selten allein…
Die Rolle der sozialen Moral in der Harmonielehre der florentinischen Raynissange-pagina 3

II
Tagebuch eines Komponisten oder ‚Wie ich während eines Konzerts furzend zusammenbrach'

III
Neue Wege der Klangarchitektur – die Wand, die Ecke, das Sofa nach H. R. Mega

IV

Das Orchester und seine Macht

V

Beherrschung des theoretischen Wahnsinns in der Praxis

VI

Aushandlungsprozesse ostasiatischer Orgelklänge und ihre Auswirkung auf die musikalische Frühentwicklung des 21. Jahrhunderts zwischen 786 v. Chr. bis heute

VII

Editing – High oder ney?

V!!!

Baupläne für einen mechanischen Modularsynthesizer (Arbeitstitel KORG)

IX

Autotune_manual(2).pdf

X

Pryvate Datae

Satyrus von Kork blickt erstaunt und beeindruckt auf. Seine Mutter tupft ihm mit einem groben, weißen Taschentuch das Rinnsal aus Tränen weg. „Nun jeh! JEH SCHON!", sagt sie bestimmt, wendet sich ab und verschwindet hinter einem Wandteppich. Sohn des Kork verlässt kopfschüttelnd sein Elternhaus mit dem Notizbuch seines Vaters in den Händen. Er zieht die samtene Schleife zurecht, die das weiße Kunsthaar im Nacken zusammenhält. Jetzt muss er es tun. Jetzt ist Schluss mit den unfertigen Samples und Gedichtfetzen, die er während seiner Insomnia von Madame Elvis notieren lässt. Er wurde diese Woche nun unterbrochen, gedemütigt und gehemmt. Als würde die Welt ihm sagen wollen:

„Mach bitte keine Musik". Doch nun soll ihn nichts mehr aufhalten. Kein Kabel soll zu kurz sein. Keine Fermate zu lang. Keine Samplerate zu hoch. Keine Kadenz zu mondän. Keine Hook zu keck. Kein Ostinato lang genug. Mit Worten kann er gut.

Doch wenn es darum geht, ein Werk zu vollenden, schnürt ihm die Cabelage seines eigenen Anspruchs die gecremte Tenorkehle zu. Dabei hat er so viele Ideen, Themen, über die er schreiben kann, will und muss. Er hat doch etwas zu sagen, dringende Gefühle, die raus müssen, raus über die Finger in die Tasten in die Software aus den Lautsprechern – aus dem Herzen! Hinten auf der Landstraße passiert ein winziger PKW das Gelände dela Mater und beschallt in unzulässiger Lautstärke die Gärtchen und Wäldchen und unbequemen, verschnörkelten Bänkchen und Gartenzwergleinszeneriechen mit dem erfrischenden Chartsound des regionalen Radiosenders: „Ouuh yeah, baby, your azz is like a smartphone, I want to touch it all the time", plärrt es schrill aus den VW-Lautsprechern. Das schürt Mattious' Frustration umso mehr. „Kein GEFÜHL!", denkt er entsetzt. Das ist die Musik der Schlechten und Unwürdigen. Die ‚Funkheimer Pforz Prinzen' sind schon wieder auf Tournee. Ehm van Quay stöhnt auf und legt die Stirn in Falten. „Die Eifel, Pforzheim, dann die ganze Welt", verkündet die aufgeregte Radiosprecherin mit ihrer kaum hörbaren Piepsstimme. „Wie auf einer anderen Frequenz", denkt Matthew van Lovin durch den Klang der Stimme besänftigt, so dass der Groll auf seine populären Kontrahenten im Nu verfliegt. Er stellt sie sich vor, hört nur noch das kichernde Stimmchen der Moderatorin. „Tausend Danke an euch, meine To-Hearer, ich heiße Roxy Gladys D'amour und gebe wieder ab ans Funk-House." Dann ist der kleine PKW vorbeigefahren und Mister Kay dreht am Sucher seines eigenen Autoradios, um dem stechenden Stimmchen der Radiosprecherin wieder lauschen zu können.

Fanatisch steigert sich Captain Kork in seine Wunschvorstellung hinein. Denkt nur noch an sie.

Doch Kirks Zuneigung ist bis jetzt vor allem eines: einseitig.

Der glitzernde Traum von einer schönen Unbekannten. Der Gedanke erfüllt ihn mit Craft. Energy, die sich vielleicht musikalisch nutzen lässt? „Ich muss dieses schöne Gefühl konservieren, bis ich wieder zuhause an meiner Audiobearbeitungseinrichtung bin!", denkt er sich und lässt während der Heimfahrt das Radio und das Tapedeck ausgeschaltet.

Als er den Parking-Bagel vor seinem Wohngebäude zum dritten mal umrundet, haben die Motorgeräusche endgültig jeden musikalischen Impuls in ihm erstickt und übertönt. Er schüttelt sich die Schuhe von den Füßen und geht in die Küche. Mit einem Glas Rollmöpse setzt er sich neben die Anrichte und starrt wie eingefroren vor sich hin. Zeit vergeht.

Was wollte er nochmal machen? Er beißt in die Zwiebel. Vergisst, zu kauen. Verschluckt sich. Hustet. Keucht. Ringt nach Luft. Schluckt. Spürt, wie das grobe Stück seinen Essensschacht heruntergedrückt wird. Im Bauch angekommen, fällt es ihm plötzlich wieder ein: das Mädchen. Ein Song muss her, eine Ode, ein Discosonett. Rasch lässt er sich die alte Wachtelfeder seines ehemaligen Musiklehrers bringen. Er reißt diese Madame Elvis aus der Hand, kann doch nicht mehr auf ein Pergament oder eine Brotverpackung warten und lässt die Hand entschieden auf die Anrichte vor sich knallen. Sofort beginnt er zu schreiben. Ohne Unterlage. Ohne Rücksicht auf Verluste. Was für alle anderen nach krakeligen Linien eines Alzheimererkrankten aussieht, ist Matthäus' versierte Künstlerhandschrift. Viereinhalb Zeilen sind nun niedergeschrieben:

Glytzer Glytzer
Lyblich Frau
Sey mier myn Mädchen
Jetzt rosa, vorher grau
Ich hörte dych im Raydioh
Glaub mir doch
Ych lyb dych sou

Vollkommen überzeugt lehnt er sich zurück, um mit Abstand die erste Strophe zu verinnerlichen. Er stellt sich vor, wie in 100 Jahren die Arbeitsplatte im PSF-Museum in Tokio ausgestellt sein würde: „Hier hat der große Meister seinen Hit draufgeschrieben – ohne Papier, ohne Unterlage! Selbst das ist typisch für diesen Genius: unkonventionell, rebellisch, impulsiv, kurz und entschlossen", würde der Museumsmann ehrfürchtig den Besucherscharen per Headset eintrichtern.

Da die flüssige Tinte sich doch nicht auf dem lackierten Holz hält, verschwinden die Buchstaben in Form von unförmigen Klecksen und die Farbe rinnt in die vielen feinen Einschnitte und Rillen der Arbeitsoberfläche. „Falkendreck und Pfauenmyst", flucht Mathieu, „… schon wieder zu ungeduldig für ein vernünftiges Stück Papyrus!" Er versucht die verschwommenen Buchstaben mit einem Spültuch aufzunehmen: „Dann muss ich nur noch die Spiegelschrift übertragen!" – ein cleverer Gedanke, doch das Tuch wischt endgültig den kleinen Erguss von der Platte. „Mann!", echauffiert er sich über sich selbst. „Na ja, die erste Zeile weiß ich ja noch." Diesmal zieht er eine frische Schriftrolle auf und beginnt zu schreiben: „Glytzer, Glytzer". Jetzt lässt die Erinnerung nach. Krampfhaft versucht Matthäus seine akute Lyrik zu rekonstruieren. Er schreibt weiter. Bis tief in die Nacht.

Als er auf die Uhr schaut, ist es schon vier nach drei. Er reibt sich mit dem Handgelenk die Augen, dann andersrum.

Glytzer, Glytzer
Lovely Frog
be my gyrl
pure love
purpur love
I believe I know it
Thy kiss shall make you to my princess
on a lonely summer night
my car has two seats at least
let's drive into pink pleasures

Stolz blickt Matthäus in den Spiegel, der rechts von seinem Arbeitsplatz hängt. Ein kristallenes Dreieck. Ernst schaut er sich ins Gesicht, nickt anerkennend, da es sonst kein anderer tut. Seltene Sekunden der Wertschätzung. Plötzlich verlässt seinen Körper jede Spannung und er rutscht vom Stuhl, sackt willkürlich zusammen und sinkt in einen tiefen Schlaf.

LÄCHELN
Christin Mittler

Lächeln.

Er war auf dem Weg zu dem Laden, den er vor zwanzig Jahren von seinem Vater übernommen hatte. Er hatte ihn umgebaut, etwas anderes daraus gemacht. Schließlich lohne sich ein Kiosk heutzutage nicht mehr, das hatte man ihm gesagt. Nicht in der Gegend. Nicht dort, wo selbst die großen Geschäfte allmählich ausstarben. Nur die Eisdiele und der Bäcker hatten sich gehalten, auch wenn sie selber nicht zu wissen schienen, wie. Er ging an ihnen vorbei, hob die Hand zum Gruß, als die Besitzer ihn durch die Scheibe sahen. Alle anderen Läden waren neu, ausgetauscht, als letztes hatte es den Buchladen getroffen, an den nur noch das Schild an der Eingangstür erinnerte.

Ein Kiosk lohnte sich heutzutage kaum noch. Zeitungen wurden geliefert oder online gelesen und Süßigkeiten konnte man mittlerweile bei Amazon bestellen. Deshalb hatte er damals etwas anderes aus dem Laden machen wollen.

Aber lohnte sich das Fotostudio so viel mehr?

Lächeln. Fratze ziehen.

Er trat ein, ging in seine Dunkelkammer, die er mehr aus Erinnerung als aus Nutzen behielt. Ein paar Knopfdrücke und all das, was ihn früher Stunden gekostet hatte, war erledigt. Jetzt stand er viel häufiger herum, tat so, als würde er etwas tun, wenn jemand vorbeiging und einen Blick hineinwarf. Er richtete das Licht neu ein, testete Objektive und andere Einstellungen, zu denen die Kameras heutzutage in der Lage waren.

Früher hatte er auf Safari gehen wollen. Wilde Tiere in ihrem natürlichen Umfeld fotografieren. Für National Geographic arbeiten. Einfach Bilder veröffentlichen, selbst wenn sie nicht um die Welt gingen, man musste seinen Namen nicht kennen. Aber für die er Beachtung fand.

Mehr als nur das schwache Grinsen einer Mutter, die Fotos von ihren Kindern für die Schwiegermutter machen ließ: „Immer behauptet sie, ich würde ihr die beiden vorenthalten. Dass sie sich kaum noch erinnere, wie sie aussehen. Ist ja nicht mein Problem, wenn sie ständig auf diesen dämlichen, umweltverpestenden Kreuzfahrten ist." Mehr als die Familien, die für Weihnachten alle zusammenkamen, um eine Momentaufnahme zu machen, weil sie es nur dieses eine Mal im Jahr schafften, sich zu treffen. Wobei er sich bei beinahe jeder Gruppe, die sich in seinen Laden verirrte, nach einer Weile fragte, ob sie es wirklich nicht konnten oder schlichtweg nicht wollten.

Lächeln. Fratze ziehen. Geschrei.

Er hasste Familienfotos. Nicht einmal, weil sie ihn daran erinnerten, was er nicht hatte. Zwei gescheiterte Beziehungen, ein Kind, dessen Namen er nicht wusste. Keine Unterhaltszahlungen, die hätte er ohnehin nicht bezahlen können. Irgendwo lief jemand mit einem Teil seiner DNS herum, der ihn genauso wenig kannte. Manchmal dachte er an das Kind, fragte sich, ob er nicht doch Kontakt zur Mutter aufnehmen sollte. Wie alt war es jetzt? Fünf, sechs. Einschulung, es würde viele Fotos geben. Kurz stellte er sich vor, wie er fotografieren würde. Die Schultüte in der Hand, ein Kleid oder einen kleinen Anzug an, in dem es sich sichtlich nicht wohlfühlte. Aber wahrscheinlich lächelte er oder sie nicht anders als alle anderen. Für die Kamera, breit, Zähne zeigen, scheinbar fröhlich, völlig egal, was man wirklich fühlte. Wirkliche Freude, Übelkeit vor Aufregung oder Traurigkeit, weil es tief in seinem Inneren wusste, dass die Schule nicht so toll war, wie die Erwachsenen einen glauben lassen wollten.

Nur ein weiteres Schauspiel, eingefangen von einer Kamera, die nichts dafür konnte, dass sie kaum etwas Echtes vor die Linse bekam, sobald sie einen Menschen einfing.

Er hasste Familienfotos, denn von allen waren sie vielleicht die unechtesten. Niemand strahlte so vorbehaltlos in die Kamera. Nicht einmal der Hintergrund war echt. Vater, Mutter, Vater, Vater, Mutter, Mutter mit ein bis vier Kindern vor einem Sonnenuntergang, den jeder sich auf seinen Windowsdesktop ziehen konnte.

Er ging wieder aus der Dunkelkammer, wusste selbst nicht mehr genau, weshalb er überhaupt reingegangen war, klickte sich durch die letzten Bilder auf seinem Computer. Das alte Gerät surrte, sobald er auch nur eine Taste drückte, als würde es ihn überanstrengen. Augen zu. Augen halb geöffnet. Verwackelt, ja manchmal passierte ihm das. Ein schönes war dabei. Eines, das die Familie nicht gewollt hatte. Die Mutter hatte gerade den Kopf gedreht, wandte sich der Tochter zu, die Lippen zusammengepresst. Sie hatte eine Hand gehoben. Vielleicht wollte auch sie Hasenohren zeigen, vielleicht ermahnen, er hatte schon wieder vergessen, was sonst in diesem Moment passiert war. Aber die Geste, ihr Blick und der dunkle, marineblaue Hintergrund, für den sie sich entschieden hatten, ließen die Mutter nachdenklich wirken.

Lächeln. Fratze ziehen. Geschrei. Hasenohren zeigen.

Er sah in seinen Unterlagen nach. Ja, die Familie hatte ihm erlaubt, die Bilder als Werbung im Laden zu benutzen. Nur für den Laden. Ins Internet wollten sie sie selbst stellen. Sollte ihm recht sein. Er hatte seinen Facebook-Account auch nur, weil er nicht widerstehen konnte, nachzusehen, wie seine erste Jugendliebe aussah. Er brauchte nicht noch mehr Fotos. Keine Selfies, bei denen sich ein Teil von ihm aufregte, dass heutzutage jeder Idiot sich für einen Meisterfotografen hielt, wenn er mit seinem Handy vor den verdreckten Badezimmerfliesen ein Foto schoss. Wobei die verwackelten Bilder von besoffenen Teenies vermutlich ehrlicher waren als alles, was er im Laden zu sehen bekam.

Er speicherte das Bild in einem separaten Ordner, nahm sich vor, es auszudrucken, für den Stapel an Bildern, die er aus seiner Zeit als Fotograf mitnehmen wollte. Ein Portfolio, von dem er sich einredete, dass er es womöglich noch einmal für einen Job gebrauchen könnte. Auch wenn er eigentlich nicht daran glaubte. Dagegen konnte er eines der fünfzehn Hochzeitsbilder austauschen. Nicht einmal die mochte er wirklich, auch wenn er dafür wenigstens mal vor die Tür kam. Meistens in den Park, vor das Schloss. Das Schloss war romantisch. Wie im Märchen. Alle waren fröhlich, alle lächelten glücklich. Aber, wie er sich eingestehen musste, kam diese Abneigung wohl daher, dass er selbst nie eine Bindung lange hatte halten können.

Dann jedoch fiel sein Blick auf das Schild neben der Eingangstür. 50% auf alles – alles muss raus.

Lächeln. Fratze ziehen. Geschrei. Hasenohren zeigen. Weinen.

Porträtbilder, Hochzeitsfotos, die Bilderrahmen, die Fotoalben. Er fragte sich, ob es überhaupt noch Menschen gab, die Fotoalben hatten. Mit Ausnahme seiner Mutter, die bis zu ihrem Tod zwanzig Stück allein mit Bildern von ihm gesammelt hatte. Keines der Alben hatte er behalten, nur ein einziges Foto war nicht in den Müll gewandert. Er als Baby, noch bevor er laufen, geschweige denn reden, wahrscheinlich nicht einmal wirklich denken konnte.

Als er alles im Laden doppelt und dreifach abgegangen war und überprüft hatte, ging er nach vorn zu der gläsernen Eingangstür und drehte das rote Schild von „Geschlossen“ auf „Geöffnet“. Ein letztes Mal. Und wahrscheinlich wird niemand bemerken, dass er morgen weg ist.

Ein Kiosk lohne sich heutzutage kaum noch, hatte man ihm gesagt. Ein Fotograf mit Studio lohnte sich offenbar auch nicht mehr. Zumindest nicht in der Kleinstadt. Fotos wurden digital gespeichert, jeder wusste besser, wie man sie bearbeiten konnte, als die, die es gelernt hatten. Wie man das Beste aus dem Bild herausholte.

Die Klingel an der Tür kündigte einen Kunden an. Fast schon verwundert wandte er sich der jungen Frau zu. „Hallo, ich bräuchte ganz dringend Passfotos. Hätten Sie gerade Zeit?“

Lächeln. Fratze ziehen. Geschrei. Hasenohren zeigen. Weinen. Tränen wegwischen.

Passfotos, biometrische Bilder. Weißer, neutraler Hintergrund, kein Lächeln. Und seltsamerweise sahen die Ergebnisse alle unterschiedlich aus. Anders als die, auf denen man ein Lächeln erzwang. Die waren alle gleich in ihrer Falschheit.

Er tat seine Arbeit, vier Bilder, in einer halben Stunde abholbereit. Die Frau nickte, wollte in der Buchhandlung nebenan warten. Sie kam wieder, guckte kurz auf das Ergebnis, sagte nichts zu ihren eigenen Bildern, bezahlte.

Dann fiel ihr Blick auf die Wand. „Muss schön sein, immer die glücklichen Momente einzufangen."

Und obwohl er sich noch immer nicht danach fühlte, setzte er ein Lächeln auf, murmelte eine Antwort, bedankte sich für das Kompliment. Seine Mundwinkel fühlten sich schwer an, als könne er das fröhliche Gesicht nicht lange halten. Nicht das, was er wollte, sondern was erwartet wurde.

Er sah auf die Uhr. Der erste Termin, gleichzeitig der letzte Termin, musste jeden Moment kommen. Das Lächeln blieb. Ein letztes Mal. Vielleicht, um ein Bild mehr zu verkaufen. Vielleicht zwei. Vielleicht wollten sie ein Fotoalbum dazu. Lächeln, um freundlich zu wirken. Nicht lächeln, um freundlich zu sein.

Lächeln. Fratze ziehen. Geschrei. Hasenohren zeigen. Weinen. Tränen wegwischen. Lächeln.

ETUI UND FRAGMENT
Wadim Arkadii

Als ich in Marseille ankomme, erinnere ich mich an eine Stelle aus Paul Valérys *Monsieur Teste*, ich weiß nicht, wieso: „Wie sehr hatte er von seiner eigenen Formbarkeit träumen müssen!" Auf der *Canebière* Ecke *Cours Belsunce* suche ich das Café, in dem einst Walter Benjamin saß und all die anderen deutschen Exilanten, die auf der Flucht vor den Nazis waren, Anna Seghers, Franz Werfel, Lion Feuchtwanger, ich finde es nicht.

Walter Benjamin befindet sich 1940 in Marseille. Er hat sich einen Bart wachsen lassen, trägt einen schwarzen Hut und sieht aus wie ein Rabbi. Sein Freund Soma Morgenstern und er gehen zusammen zur *préfecture,* um Neuigkeiten bezüglich der dringend benötigten Ausreisevisa einzuholen, die ihnen wiederholt verweigert wurden. Sie treffen auf Siegfried Kracauer, der in dem Café auf der *Canebière* Ecke *Cours Belsunce* sitzt, eifrig schreibend. Als sie ihn fragen, was nur aus all ihnen hier werden soll, erwidert dieser apodiktisch: „Soma, Walter, wir werden uns alle hier umbringen müssen."

1928 war Benjamin schon einmal hier, damals noch als freier und reisewütiger Mann. Er schreibt im Haschischrausch: „Ich liege auf dem Bett, lese und rauche. Mir gegenüber immer dieser Blick in den *ventre* von Marseille. (Nun beginnen die Bilder, Gewalt über mich zu bekommen.) Die Straße, die ich so oft sah, ist mir wie der Schnitt, den ein Messer gezogen hat." Und später: „Diesen Rausch wird keiner verstehen können, der Wille zum Erwachen ist gestorben." Das europäische Maß zerfasert hier bereits, die Farben dieser Stadt sind die Farben Nordafrikas. Das gelbe, angestockte Seehundegebiss Marseilles verschluckt ihn, über seine *ratio* deckt sich der Staub, der hier aus Meersalz, Kalk und Glimmer sich zusammenballt. Er ist für kurze Zeit zufrieden, isst ein Dutzend Austern in einem Lokal am Hafen, ordert dann sämtliches, was die Karte anbietet, aus einer Art obskurer Höflichkeit heraus, als gelte es, keine der Speisen durch Ablehnung zu beleidigen.

Bei seiner ersten Reise nach Marseille hat er Haschisch bei sich, um gesteigerte ästhetische Erfahrungen zu dokumentieren, all die Dinge, die den Blicken standhalten, die Welt der geheimen Affinitäten, und um die große Verschwendung des Daseins zu erfahren. Zwölf Jahre später, 1940, sind es dann fünfzig Pillen Morphium, die er bei sich trägt. Nicht als Süchtiger, sondern nur für den jederzeit möglichen Notfall, dem Nahen der Gestapo, vor der er auch auf französischem Boden längst nicht mehr sicher war.

Ein Fluchtversuch von Marseille aus scheitert. Als französischer Matrose verkleidet und mit einem gefälschten Pass will er sich, zusammen mit Fritz Fränkel, auf einen Frachter schmuggeln lassen. Lisa Fittko, die ihn später auf seiner Flucht von Banyuls-sur-Mer nach Portbou führen wird, macht sich darüber lustig, wie der schwerfällige Benjamin mit seinem „durchgeistigten Gelehrtenkopf" und der zierliche Dr. Fränkel tatsächlich glauben konnten, dass ihnen diese Scharade gelingen würde. Zugleich aber verwebt das kurze Kapitel über Matrosen in Benjamins *Einbahnstraße* das Leben auf See mit dem eigenen: „Der Seemann hat die Nähe ‚gefressen' und zu ihm reden nur exakteste Nuancen."

Als Mystiker, oder vielmehr als säkularer Kabbalist, war sein Sensorium gegenüber diesen Nuancen, den Falten, Fassaden und Etuis dieser Welt derart ausgebildet, dass ihm alles wie ein ungeheures *surplus* an Bedeutung erscheinen musste, das sich nur unter Anstrengung und immer nur zu Teilen schriftlich entladen konnte, stets im Torso verblieb. Gegen die vulgäre Fülle des Fertigen setzte er die unendliche *potentia* des ersten Strichs. Auch das Passagenwerk, seine großangelegte Studie über das neunzehnte Jahrhundert, blieb unvollendet. Denn wenn das Werk die Totenmaske der Konzeption ist, wie er schreibt, dann ist das Fragment zwangsläufig organisch. Das Wort „irgendwie" sei der Stempel der werdenden Absicht, so sein Freund Gershom Sholem, und keiner habe es so oft gebraucht wie Benjamin. Die Passagen waren sein auf ewig unfertiges *chef-d'œuvre* und alles andere, was er in dieser Zeit schrieb, geniale Appendizes zu diesem Monumentalwerk.

In Banyuls-sur-Mer, wo ich einige Tage später bin, beginnt der Fluchtweg Walter Benjamins, den er am 25. September 1940 antritt. Zusammen mit Lisa Fittko, Hanny Gurland und deren Sohn Joseph geht er über die Pyrenäen, von Frankreich aus ins spanische Portbou, um von dort über Portugal nach Amerika überzusetzen. Neben einem wichtigen Manuskript in einem schwarzen Aktenkoffer, das bis heute verschollen ist, trägt er weiterhin seine fünfzig Morphiumpillen mit sich. Nur für den Notfall.

Gelbe, auf den Stein gepinselte Striche weisen den Weg heute als Wanderroute aus. Mein Aufstieg führt an Weinbergen entlang, die niedrigen Triebe sind noch blattfrei, winden sich aber bereits aus dem staubigen Boden entschlossen ins Außen der Welt. Schützengräben gleich verlaufen Kanäle und Wege zwischen dem kahlen Braun der Flächen. Der Aufstieg ist an einigen Stellen anstrengend, der herzkranke, fast fünfzigjährige Benjamin muss hier an seine körperlichen Grenzen gelangt sein. An einer Quelle, an der die Flüchtlingsgruppe Rast machte, setze auch ich mich auf einen Stein, eine angemessene Andächtigkeit will sich indes nicht einstellen, mein Blick schwankt zwischen dem mächtigen Puig de Querroig zu meiner Linken, der Berg, über den die spanischfranzösische Staatsgrenze verläuft, und der Plastikverpackung meines Proviants, zwischen dem Schiefergestein, über den sich Flecken von Gras ziehen, und den sinnlos ornamentalen Nähten meiner Wanderschuhe. Ich verfluche meine Funktions-Fleecejacke, sie ist das ultimative Etui und ich bin der „Etui-Mensch", wie Benjamin sagen würde, das Gegenteil des destruktiven Charakters. Immer im Gehäuse, auch draußen, verausgabe ich mich nur so weit, dass meine Bequemlichkeit nicht übermäßig erschüttert wird, ich wandere nahezu schweißfrei und schäme mich dafür, weil ich möchte, dass diese Route auch mich auszehrt, mir eine Dringlichkeit vermittelt, das Gefühl der Kontingenz und der Irrlichterei auslöscht. In einem kurzen und quälenden Moment beneide ich Benjamin für die Negativschablone des Faschismus, die sich über sein Leben legte, gegen die es zu kämpfen galt und an dessen sauber ausgeschnittenen ideologischen Rändern man die Positivität des eigenen Lebens anlegen konnte. Ich lasse von diesem Gedanken ab, er ist ein Affront gegen jeden einzelnen seiner Sätze. Das Interieur des Geistes sollte niemals heimelich sein, niemals gemütlich. Etwas schläfrig geworden merke ich, dass meine Augen seit einiger Zeit das sonnengebleichte Skelett einer Ziege fixieren – auch dies nur eine Marginalie auf dem Weg zur Apokatastasis.

Ich folge weiterhin dem alten Schmugglerpfad, der *route Lister*, auf der ein Jahr vor Benjamins Flucht noch die Franco-Gegner aus entgegengesetzter Richtung kamen und erreiche bald den höchsten Punkt des Weges, ein Plateau, auf dem die Staatsgrenze verläuft; den Gipfel des Puig de Querroig habe ich jetzt, gen Osten schauend, direkt vor mir, er schneidet das Mittelmeer in zwei Hälften, links das französische, rechts das spanische, Glasplatten aus durchsichtigem Türkis, es ist schön. Vor fast achtzig Jahren blickte Benjamin an genau dieser Stelle zum letzten Mal nach Frankreich, seine geistige Heimat. Sobald ein *flâneur* seine Wege nicht mehr selbst wählen kann, sobald ihm weltpolitisches Ränkespiel Routen aufzwingt, die er von selbst nicht gegangen wäre, ist sein Leben schon verwirkt.

Auf der spanischen Seite des Berges umfährt mich sofort ein merklich wärmerer Wind, so als wüsste das Wetter, dass die Grenzlinie für mich unsichtbar ist und irgendeiner Art der Materialisierung bedarf. Der Mistral, der mich bis zum Gipfel verfolgte, kann mir hier nichts anhaben, dieser Wind ist namenlos und mir deshalb wohlgesonnen. Die Vegetation ist grüner in Spanien, nach kurzer Zeit erwarten mich die ersten Kakteen. Ich rieche Lavendel und Thymian, auch Wacholder, während dornige Zweige sich in den Weg lehnen und an meinem Etui kratzen. Der Abstieg ist unwegsam, vom Flachland dringen die entfernten Hierarchiekämpfe der Hunde an meine Ohren. Nach Durchschreiten eines monströsen Tunnels am Fuße eines Güterbahnhofs, der teilweise in die Ausläufer des Berges hineingetrieben wurde, erreiche ich den Ort Portbou, wo nicht nur Benjamins Flucht, sondern auch sein Leben endete. Portbou ist ein Eisenbahnerort, dessen Bahnhof einst zu den wichtigsten an der Grenze zwischen Frankreich und Spanien gehörte. Die Bahnhofshalle für den Personenverkehr ist ein gefallener Eiffelturm, sie wurde von Joan Torras i Guardiola entworfen, einem Schüler Gustave Eiffels. Durch das dünne Eisennetz strömen die Dinge. Ich weiß nicht, ob die Halle Benjamin, der lange Zeit in Paris lebte, bei seiner Ankunft auffiel, oder ob sein sensorischer Apparat so kurz vor dem Ende bereits unempfänglich war. Der Ort hat ein wenig mehr als tausend Einwohner, ich bin direkt am Strand.

Ich besuche das Denkmal, das der israelische Künstler Dani Karavan zu Ehren Walter Benjamins vor dem Friedhof Portbous errichtet hat: Eine Treppe durch einen Tunnel aus rostigem Stahl, der sich durch das Gestein über die Klippe Richtung Meer gräbt, ist mein Kirchgang am Ende der Wanderung, der ruhige Gang in die Wellen, der Benjamin verwehrt blieb. Kurz muss ich weinen.

All das Geraune über die vielbeschworene Aura verstummt, sobald die Finger über das schartige Metall fahren. Geht man die Treppe hinab, sieht man das Blau des Meeres, geht man wieder hinauf, das Blau des Himmels. Es gibt nichts Apriorisches in der Philosophie Benjamins, keine *doxa* in Form eines hegelschen Weltgeistes oder ähnliches, es gibt den Vortex des Meeres und die Sterne des Himmels und dazwischen die Bewegung des *flâneurs,* der die vergessenen und übersehenen Trümmer der Geschichte aufliest, um sie zu deuten. Den Blick des Besuchers auf den Meeresstrudel vor der Klippe gelenkt zu haben, sei sein einziger Beitrag als Künstler gewesen, so Karavan, das Meer erzähle bereits die ganze Tragödie dieses großen Denkers.

Die Umstände seines Todes sind nicht genau geklärt, seine fünfzig Morphiumpillen sind nicht stärker involviert als das politische Weltgeschehen („Er starb allein, aber alle haben ihn getötet."), schon davor hat er mindestens einen Selbstmord gewissenhaft geplant und einen entsprechenden Brief geschrieben. Benjamin arbeitete stets nahe an der Ich-Auslöschung, nicht nur in seinen Texten. Hannah Arendt, die ihm einige Zeit später ihre Ehre erweisen wollte, schrieb bestürzt an Adorno, dass sie sein Grab nicht gefunden habe, es womöglich gar keins gäbe. Der Grabstein auf dem Friedhof Portbous, der seinen Namen trägt, ist nur symbolisch, dort liegt er nicht. Trotzdem verweile ich lange.

Auf dem Weg vom Friedhof zurück in den Ort komme ich am Gemeindezentrum vorbei, der ehemaligen *casa herrero*. An der Fassade des Treppenaufgangs hängt ein großes Portrait Benjamins und die Blume, die in einem Topf vor ihm wächst, ist so hoch gewachsen, dass ihre weißen Blüten ihm bis zur Nase reichen; es sieht aus, als würde er unablässig an ihnen riechen. „Denn mit nichts ist meine Geduld zu überwinden," schreibt er im *Agesilaus Santander*. Wer gegen ihn agitiert, entbirgt erst seine Stärke: die des Wartenden. Er ist der unter dem Zeichen des Saturn geborene *flâneur* und jeder Versuch, ihn in eine Formel zu bringen, um sich „synthetisch behaglich" zu fühlen, wie Leo Löwenthal schreibt, muss scheitern. Er ist ein Ghandarva aus der Nebelwelt, ein ewig Unfertiger.

HÄUSNER RÄUME
Max Höller

Überall Zwang. Da sind Häuser, und in ihnen ist der Zwang, auf dem Land stärker als in der Stadt, in der Stadt ist allen alles egal, aber auf dem *Land*, dachte Häusner, auf dem *Land*, kann niemand etwas machen ohne böses Blut, man kann eigentlich gar nichts machen auf dem *Land*.

Alles ist Zwang, und alles ist böses Blut. Man kann sich entweder beugen oder man wird vernichtet, oder man vernichtet sich selber. Nicht mal aus dem Arbeitszimmer gehen kann ich, dachte Häusner, nicht mal das Haus verlassen ohne *Hund*, denn einen *Hund* holt man sich zweifelsohne nur, damit man überhaupt einen *Grund* hat, das Haus zu verlassen, wer geht denn einfach so durch die Natur auf dem Land? *Niemand,* dachte Häusner, außer am Wochenende, da kommen sie scharenweise, am *Sonntag* hat man seinen Grund, alles muss irgendeinen dummen Grund haben auf dem Land – einen möglichst profanen Grund haben, wie einen *Hund* oder einen *Sonntag,* an dem man *ja nichts zu tun hat, nichts zu tun zu haben hat* und bestenfalls seinen stumpfen und absolut ekelerregenden Hobbys nachgehen kann. Aber ohne einen profanen Grund das Haus zu verlassen, wagte sich *niemand.* Das letzte Mal, als Häusner sich ohne einen jener Gründe hinauswagte, aus dem Haus in die Natur wagte, war durch und durch *zerstörend.* Eigentlich wollte er nur Distanz zu seinem Roman schaffen, Distanz, die notwendig war nach den Monaten der intensiven Arbeit, und er wagte sich hinaus, an einem Montag, ausgerechnet an einem Montag, und von allen Häusern schrie der Zwang und er konnte keine zwanzig Schritte gehen, da schnürte es ihm die Brust zu und vor ihm war eine Frau mit Hund – er schlug panisch einen anderen Weg ein – schon wieder ein Hundebesitzer, er sprang kurz zurück und besann sich wieder. Einfach einem der Hundebesitzer unauffällig folgen, dachte er, einfach nur folgen. Sein Atem wurde schwerer. Er fühlte sich beobachtet durch die Häuser. Dann blieb der Hund vor ihm stehen und die Hundebesitzerin auch. Was soll ich machen, dachte Häusner, weitergehen oder auch stehen bleiben, er entschleunigte erst einmal seinen Gang. Der Hund wollte sich einfach nicht in Bewegung setzen. So ein Scheiß-Köter, so ein wiederwertiger Hund.

... wie alles widerwärtig auf dem Land war und alles, was nicht widerwärtig war, widerwärtig gemacht wurde, dachte Häusner, alles Schöne, alles Freie wurde vernichtet, die Natur wurde vernichtet, durch deplatzierte Wege; die Menschen wurden vernichtet, durch stumpfe Architektur, durch stumpfe Institutionen, durch stumpfe Menschen und durch stumpfe Menschen in stumpfen Institutionen, durch stumpfe Regeln und durch stumpfe Regeln in stumpfen Institutionen ... und alles versagte auf dem Land, die Natur versagte an den Wegen, die Menschen versagten an den Schulen, den sogenannten Bildungsinstitutionen, die einzig und alleine die Aufgabe hatten, Verlierer zu produzieren, nicht Bildung, sondern Bildungsverlierer und lizenzierte Bildungsverlierer, die Bildungsverlierer hatten gute Noten, die lizenzierten Bildungsverlierer schlechte. Aber alle waren sie Bildungsverlierer, dachte Häusner, denn um Bildung, um Entfaltung ging es ja nicht an den Schulen, sondern nur um Konkurrenz, um Noten, um Sich-Vorteile-Verschaffen, durch Betrug oder Schleimerei. Man war bereit, die Wirklichkeit und damit die Inhalte zu verleugnen, um eine Widerwärtigkeit in eine, wie man sagte, *Realität* zu verwandeln, Literatur in ein bloßes Material zu verwandeln, ein Material, mit dem der Konkurrenzkampf, der *Notenkampf,* wie man sagte, ausgetragen wurde. Literatur wurde missbraucht als Material einer perversen Auslesemaschine, und deshalb war nichts literaturfeindlicher gewesen als sein Deutsch-Leistungskurs, der ja sozusagen ein Kernstück dieser Maschine war, erinnerte sich

Häusner. Die Deutschen kamen einfach nicht weg vom Missbrauchen und Instrumentalisieren der Literatur, dachte er, die Nazis instrumentalisierten sie für ihre Propaganda-Maschine, verheizten, verbrannten sie ja sogar in ihrer Propaganda-Maschine, und heute wird sie immer noch verheizt und missbraucht in den deutschen Auslesemaschinen ... frei heraus mit allen Nazivergleichen, dachte Häusner, von der NS-Zeit habe ich sowieso keine Ahnung, hat niemand Ahnung, der noch lebt und die, die vielleicht Ahnung haben, sind entweder tot oder können sich nicht verständlich artikulieren, weil man sich gar nicht verständlich dazu äußern kann, denn nicht mal Adorno, dem Häusner teilweise noch eine gewisse Aktualität zusprach, hatte sich verständlich dazu äußern können. Das Einzige, was noch übrig blieb von der Nazi-Zeit, war also die Energie der sozialisierten Provokation durch Nazivergleiche, die langsam abflaute und in wenigen Jahren ganz erloschen sein wird, dachte Häusner. Es sei denn, die Fixierung auf diese Bildungsinstitutionen würde noch stärker werden, dachte Häusner, denn dann würde ja auch die Kopier-Funktion dieser Auslesemaschinen noch besser werden, und man würde die Reste dieser sozialisierten Provokation bis zur sich aushöhlenden Absurdität aufrecht erhalten. Alle werden zu Kopisten erzogen, wie auch Häusner zum Kopisten erzogen wurde, jeder, der die deutschen Bildungsinstitutionen durchläuft, wird Kopist, denkt aber, er wäre *Individualist, frei* oder *selbstständig,* wie man sagt, und dann wird man zum *Individualisten* erklärt, oder erklärt sich selber zum *Individualisten,* wenn man möglichst gut die *individualistische* Lebensart der Werbung kopiert, oder wenn man einer stumpfsinnigen, ausbeuterischen Tätigkeit nachgeht und irgendwann mal einen *individualistischen* Urlaub plant.

Alles, was man Realität nennt, ist nur eine große Formausfüllungsmaschine, dachte Häusner, wie auch ich nur ein formausfüllender Schriftsteller bin, dachte er, der gar keinen eigenen Stil hat, weil man gar keinen eigenen Stil haben kann, weil man kopieren muss, um nicht vernichtet zu werden, und die einzige Möglichkeit, die man hat, um diese Realität zu überwinden, darin besteht, eine

Form mit so viel Energie aufzufüllen, bis sie zerplatzt.

Die einzige Frage, die man sich stellen sollte, die sich aber niemand stellt, ist letztlich Energie oder nicht Energie.

Dabei hatten alle zu viel Energie, dachte er, jeder hatte Energie und alle litten daran, Energie zu haben.

Man war nicht energielos und gelähmt, dachte Häusner, sondern wütend, das ist die Wahrheit. Nicht suizidal, sondern wütend. Jedes suizidale Bild, dass sich vor das innere Auge schob, war eigentlich kein suizidales Bild, sondern ein Bild ohnmächtiger Wut, dachte er, und alle suizidalen Bilder, die sich vor seinem inneren Auge auftaten, waren keine depressiven oder lähmenden Bilder, sondern Bilder aus Energie, aus ungeleiteter Energie, aus Energie, die sich nicht einer Form anbiedern konnte, die nicht andocken konnte an die perversen Ordnungssysteme oder Symbolsysteme oder anderen Systeme, die aus diesem widerwärtigen Funktionsbrei herausragten wie Spongebob-Fischgerippe, und an deren Gräten kleine Seifenblasen anschwollen, in denen sich Menschen auf der Stelle bewegten, bis die Blasen zerplatzten. Überall Seifenblasen und Seife, dachte Häusner. Alles wird reingewaschen, reinzensiert, überall der bittere Geschmack von Seife, der jedem Wort innerhalb dieser Blasen beigemengt wird. Wohnungen sind Seifenblasen, Geschäfte sind Seifenblasen, Restaurants sind Seifenblasen, alles perverse Kitsch-Kulissen, in denen man den widerwärtigen Brei für drei Sekunden vergessen konnte. Aber wenn man hinaus trat aus der Blase, war man entweder im freien Fall oder kletterte an den widerwärtigen Gräten herum. Hig du blöh, mir egal, ob es einen Innovationsschwachwachkopf gibt. Ich bin das dicke Kind, das mit der Axt gegen die Gräten haut!, dachte Häusner, und plötzlich stand er auf und schrie gegen die Wand seines Arbeitszimmers, Laute, die außerhalb aller Worte waren und deshalb an dieser Stelle nicht notierbar sind. Plötzlich zuckte er jäh zusammen, denn er hörte ein Hundebellen, und sein Schrei verschwand ins Lautlose, denn vor dem geöffneten Fenster seines Arbeitszimmers stand eine

Hundebesitzerin, die ihn anlächelte, und ihre Zähne waren weiß wie deutsche Kernseife. „Alles ok bei Ihnen? Kann ich Ihnen helfen? Ruhig, Allois." Der Hund bellte weiter. Jedes dieser Worte war für Häusner wie ein Stückchen Seife, das sich in seinem Gehirnwasser und in seinem Magen auflöste, und ganz besonders der Hunde-name führte zu einem Würgereiz, den er nur schwer unterdrücken konnte. An weitere Details dieser Begebenheit konnte sich Häusner nicht mehr erinnern, sondern fand sich ohnmächtig in seinem Sessel sitzend wieder.

DIE AUTORINNEN UND AUTOREN

WADIM ARKADII   1989 in Orgeew, Moldawien, geboren, Studium der Philosophie und der Medialen Künste, Ausbildung zum Parfumeur in Grasse, Frankreich, lebt und arbeitet in Köln.

MARTIN BAUMEISTER   Studium der Literaturwissenschaft und Philosophie, seit Oktober 2017 postgraduales Studium Literarisches Schreiben an der Kunsthochschule für Medien Köln. Veröffentlichungen im Dodo, Coventry und der Kritischen Ausgabe, Bonn.

LISA DOMIN   geboren 1983, studierte Freie Kunst mit dem Schwerpunkt Film und Fotografie in Braunschweig und Budapest bei Dörte Eißfeldt, Hannes Böhringer und Guy Ben-Ner. Ihre Arbeiten wurden u.a. bei der Videonale, Marler Medienkunstpreis, GfZK Leipzig, Rencontres Internationales Paris und Plattform des Fotomuseums Winterthur gezeigt. Seit 2018 im Diplom II an der Kunsthochschule für Medien Köln.

THOMAS EMPL   lebt und arbeitet als Autor in Köln und München. Er sucht in seinen Texten das Schöne im Traurigen, den Ausbruch aus Abhängigkeiten und das Gefühl des Hip-Hops der Jahrtausendwende. Im Moment arbeitet er an seiner zweiten Geschichtensammlung, *Hüpfburg*, sowie an einem Roman. *www.thomasempl.wordpress.com*

INGA FISCHER veröffentlichte mit der Biografie über die jüdische Zeitzeugin Gerda Eisler *Alles, woran ich glaube, ist der Zufall* (Clio, Graz 2017) ihr erstes Buch. Seit dem Wintersemester 2017/18 studiert sie postgradual Literarisches Schreiben an der Kunsthochschule für Medien Köln. Ihre fiktionalen Texte, in denen sie häufig Prosa und Poesie verwebt, inszenierte sie unter anderem auf dem Kölner Kongress 2018 im Deutschlandfunk.

NATALIE HARAPAT studiert seit Oktober 2017 im postgradualen Studium Literarisches Schreiben an der Kunsthochschule für Medien Köln. In ihren Texten berührt sie mit popliterarischen Erzählungen aus dem Alltag ihrer Generation. *www.natalieharapat.de*

HENRIK HILLENBRAND studierte Literatur und Philosophie in München und Kommunikationsdesign in Stuttgart. Derzeit studiert er Literarisches Schreiben in Köln. Er war Herausgeber, Autor und Gestalter des Magazins *Copter,* ist Mitgründer des *Verlag für Handbücher* und Teil des Designprojekts equally at home everywhere.

MAX HÖLLER studiert seit 2016 an der Kunsthochschule für Medien Köln.

RIKE HOPPE geboren 1992, beschreibt Bilder in Filmen und Texten. Nach ihrem erfolgreich abgebrochenen Studium der Philosophie studiert sie seit Oktober 2016 Mediale Künste an der Kunsthochschule für Medien Köln.

MAXIMILIAN HURLEBAUS & KATHARINA SINGH
Zweimal geboren, keinmal gestorben. 1995 Erste künstlerische Stehversuche, Skizze für Opus Funghi. 2003 Begegnung mit Dr. Hasenbein, Phase 1 der Matthäuspassion. 2018 Gemeinsamer Debütroman *Matthäus von Kork – Wer ist eigentlich Professor Shitty Funk?* 2084 Literaturnobelpreis für verkannte Genies (posthum, holographisch übergeben).

JONATHAN LAHR geboren 1985, studierte Germanistik und Musik in Köln und Chennai. Nach seinem zweiten Staatsexamen verbrachte er einige Zeit auf Reisen und verschiedenen Baustellen. Mittlerweile arbeitet er als Lehrer für Darstellen und Gestalten, Deutsch und Musik an einer Gesamtschule. Seit 2017 studiert er kreatives Schreiben an der Kunsthochschule für Medien Köln.

SONJA LEWANDOWSKI Studium der Literatur-, Kultur-, Medienwissenschaft und Sozialwissenschaften. Begleitet den neuen Studienschwerpunkt Literarisches Schreiben an der Kunsthochschule für Medien Köln ethnografisch, um im Rahmen ihres Promotionsprojektes die Entstehung von Autorschaft und Gegenwartsliteratur im Kontext hochschulischer Bildungsprozesse zu untersuchen.

CHRISTIN MITTLER lebt schon ihr ganzes Leben in der Nähe von Köln. Vor ihrer Zeit an der Kunsthochschule für Medien Köln hat sie Deutsch und Englisch an der Universität zu Köln studiert. Allerdings mussten Shakespeare, Goethe und Co. in ihrem Kopf schon immer Platz für die Geschichten machen, die sie seit der Grundschule schreibt. Meist schreibt sie Romane mit phantastischen Elementen. Seit einem Jahr fischt sie auch in neuen Gebieten, was bisher in Kurzgeschichten resultierte.

CHARLOTTE TRIEBUS lebt und arbeitet als Performancekünstlerin in Köln / Madrid. Im Mittelpunkt ihrer Arbeit steht das Potenzial der Schnittmengen von Tanz, Musik und Technik. Ihre Arbeiten und Performances wurden in zahlreichen, internationalen Ausstellungen gezeigt, seit 2015 ist sie mit Lehraufträgen an verschiedenen Kunsthochschulen vertreten. 2018 gründete sie die *New Human Body Society*.

IMPRESSUM

KURZE
Ausgabe 1, Sommer 2018
ISBN 978-3-00-060167-5

HERAUSGEBERINNEN UND HERAUSGEBER
Thomas Empl, Inga Fischer, Natalie Harapat

RECHTLICH VERANTWORTLICHER
Thomas Empl

REDAKTION
Martin Baumeister, Thomas Empl, Inga Fischer,
Natalie Harapat, Henrik Hillenbrand, Jonathan Lahr,
Sonja Lewandowski, Christin Mittler

DESIGN
equally at home everywhere –
Art Direktion: Leonie Hosoda
Design: Henrik Hillenbrand

DRUCK
Druckerei Kopp, Köln

Diese Anthologie entstand im Rahmen des Seminars
Kolloquium zum literarischen Schreiben von Ulrich Peltzer
und Alina Herbing an der Kunsthochschule für Medien Köln.
Die Urheber- und Nutzungsrechte der Texte verbleiben
bei den jeweiligen Autorinnen und Autoren.

ANSCHRIFT
KURZE
Kunsthochschule für Medien Köln
Peter-Welter-Platz 2
50676 Köln

+49 221 201 89 - 0
anthologiekhm@gmail.com
www.kurze-khm.de

FACEBOOK
www.facebook.com/kurzetexte/

INSTAGRAM
@kurze_khm_anthologie

Bestellen Sie zusätzliche Ausgaben kostenfrei,
solange nicht vergriffen, unter:
anthologiekhm@gmail.com

Die zweite Ausgabe der KURZE erscheint im Juli 2019.

DANK AN

Andreas Altenhoff
Heike Ander
Alina Herbing
Henrik Hillenbrand
Leonie Hosoda
Navid Kermani
Dietrich Leder
Ulrich Peltzer
Hans Ulrich Reck
Dorothea Schumann